# 지속 가능한 도시를 위한 AI

## AI문고

인공지능 시대입니다. 기계가 인간의 인지를 대신하고, 사물이 인간을 통하지 않고 다른 사물과 직접 커뮤니케이션합니다. 이에 따른 인간 삶과 문명 변화를 정확히 이해·예측·대응하는 것은 이 시대 우리 모두의 과제입니다. AI문고는 인공지능 기술과 환경의 여러 주제를 10가지 키워드로 정리합니다. 관련 개념과 이론, 학계와 산업계의 쟁점, 우리 일상의 변화를 다룹니다. 인간과 기술의 현재, 미래를 세심히 분석합니다.

## 일러두기

- 인명, 작품명, 저서명, 개념어 등은 한글과 함께 괄호 안에 해당 국가의 원어를 병기했습니다.
- 외래어 표기는 현행 어문규정의 외래어표기법을 따랐습니다.

처음이세요?

전문가세요?

# 지속 가능한 도시를 위한 AI

박혜민

대한민국, 서울, 커뮤니케이션북스, 2026

**지속 가능한 도시를 위한 AI**

지은이 박혜민
펴낸이 박영률

초판 1쇄 펴낸날 2026년 1월 5일

커뮤니케이션북스(주)
출판 등록 2007년 8월 17일 제313-2007-000166호
02880 서울시 성북구 성북로 5-11
전화(02) 7474 001, 팩스(02) 736 5047
commbooks@commbooks.com
www.commbooks.com



ISBN 979-11-430-1609-6 03500

책값은 뒤표지에 표시되어 있습니다.

# 차례

# 도시의 위기

대한민국 국토 면적의 12%에 해당하는 수도권에 전체 인구의 절반 이상이 살고 있다. 출퇴근이나 통학을 위해 외지에서 유입되는 인구를 포함하여 전체 국민의 70%를 수도권 생활자로 추정하기도 한다. 2024년 세계은행(World Bank)이 발표한 자료에 따르면, 전 세계 인구의 약 58%가 도시에 산다. 우리는 언제부터 이렇게 도시를 이루며 살았을까?

도시의 역사는 기원전으로 거슬러 올라간다. 농업의 발달로 정착 생활이 시작되었고, 잉여 생산물을 관리하고 교환하면서 조직과 권력이 생겨났다. 종교와 의례는 점차 복잡한 공동체를 만들어 냈다. 인류는 도시를 형성하여 지식, 기술, 문화, 제도를 발전시켰고, 도시 안에서의 밀도 높은 응집과 교류가 혁신을 낳았다.

에드워드 글레이저(Edward Glaeser)는 《도시의 승리(Triumph of the City)》에서 "지구상 곳곳에 점점이 퍼져 있는 혼잡한 집합체, 도시는 고대 그리스의 플라톤과 소크라테스가 아테네 시장에서 논쟁을 벌이던 시기부터 혁신의 엔진 역할을 해 왔다. 이탈리아 피렌체의 거리들은 우리에게 르네상스를 선물했고, 영국 버밍엄의 거리들은 우리에게 산업혁명을 가져다주었다. 현대 런던과 방갈로르, 도쿄가 이룩한 위대한 번영은 새로운 사고를 생산할 수 있는 능력에서 비롯됐다"고 말한다.

도시에는 시대를 거치며 생산된 지식이 집적되어 있다. 교통과 통신, 사회적 기반 시설들은 이러한 지식을 확산하고 연결한다. 다양한 계층, 산업, 문화의 공존은 이질적 지식 사이의 융화와 결합을 가능하게 만들었다. 무작위적 연결과 의도적 학습이 끊임없이 일어나는 도시는 인류가 발전과 번영을 이루게 한 토대가 되었다. 인구와 산업이 밀집된 공간으로서 규모의 경제를 이루기에 도시는 가장 유리한 구조를 가진다. 도시의 승리는 자명한 듯하다. 하지만 도시의 역사만큼이나 도시의 위기 또한 오래 전에 시작되었다.

## 도시가 붕괴된다

해수가 범람하여 도시의 일부가 수면 아래로 잠기고, 폭우와 태풍에 기반 시설이 휩쓸려 내려간다. 대도시의 지반이 내려앉고, 순식간에 생긴 커다란 구멍 속으로 주변이 빨려 들어가는 싱크홀이 발생한다. 전 세계적으로 예기치 않은 재해와 재난이 급격히 늘었다. 기후 변화에 따른 위기이기도 하고, 도시화로 인한 문제이기도 하다.

이 같은 재해로 매년 대량의 사상자가 발생하고, 막대한 재산 피해가 이어지며 사회적 손실을 기록하고 있다. 도시화 지역은 이러한 피해에 더 취약한 측면이 있다. 아스팔트, 콘크리트 등으로 이루어진 도시 표면은 높은 불투수 면적으로 물의 순환을 방해하고, 지하 공간과 저지대 개발은 지반 약화 또는 붕괴 위험을 동반한다. 고도로 밀집된 인구, 대규모 건조 환경, 도시 기반 시스템의 복잡성은 이러한 피해의 규모를 늘리는 원인이 된다.

도시는 환경오염, 생태계 파괴, 그리고 석탄 · 석유와 같은 화석 연료 기반의 에너지에 의존하는 핵심 주체이자 발생원이다. 특히 산업화를 거치며 탄소 배출이 급격히 증가했다. 전 세계 배출량의 80% 가량이 도시에서 발생한다. 성장과 개발을 최우선 과제로 삼고, 외연적 확산 및 정형화된 토지 이용을 반복해 온 도시는 복합적인 위기를 심화시켰다. 그리고 이제는 그 피해를 고스란히 되돌려 받고 있다.

## 도시가 쇠퇴한다

전 세계적으로 도시의 비율은 늘어나고 있는 반면, 기존 도시는 꾸준히 노후화를 겪고 일부 도시는 쇠퇴하며 일부는 사라진다. 쇠퇴하는 도시의 양상은 다양하다. 건물이 낡고 슬럼화되는 구역이 생긴다. 도시 기반 시설의 성능이 저하되고 공공 서비스가 제대로 작동하지 않는다. 산업이 빠져 나가고 일자리가 줄고 범죄가 늘어나는 현상이 발생하기도 한다. 번영을 이룬 대도시도 어느 구역은 일시적으로 쇠퇴할 수 있으며 일정 시점을 지나면서 전반적인 쇠퇴기에 접어들 수도 있다.

시간의 흐름에 따라 도시의 일부 혹은 전체가 낡고 기능이 저하되는 현상은 자연스럽다. 어느 도시나 이러한 상황을 겪을 수 있다. 실제로 세계 모든 도시에서 반복되어 나타난다. 그 형태와 정도의 차이가 있을 뿐이다. 사람이 태어나고 나이 들어 감에 따라 겪는 생로병사의 과정과 같다. 다만 도시는 그 과정에서 발생하는 물리적 노후, 경제적 침체, 사회적 질서의 붕괴에 적절히 대응하고 이를 잘 관리하지 못할 경우 더 복잡하고 영향력이 큰 문제를 직면할 수 있다.

이러한 문제가 고착되어 지속적으로 인구가 감소하고 구조적 악순환에 빠지는 현상으로 '도시 축소(Urban Shrinkage)'를 들 수 있다.

도시 쇠퇴는 도시가 발전하는 순환 주기에 따른 일시

적 현상으로, '재도시화(Reurbanization)'를 향한 하나의 과정으로 이해할 수 있다. 그러나 도시 축소는 되돌릴 수 없는 상태이며 위기다. 도시 축소 현상의 두드러진 특징은 인구 감소와 저이용 건물의 증가, 즉 방치된 빈집이 늘어나는 것이다. 그리고 이는 세수의 감소로 이어진다. 세수는 줄어드는 데 반해 도시 운영과 관리에 들어가는 비용은 증가한다. 사회 복지의 부담이 늘고 빈집이나 유휴 시설의 관리 비용이 높아지기 때문이다. 세수 유입 대비 지출의 증가는 도시의 재정을 악화시킨다.

대한민국은 극심한 지방 도시 축소를 겪고 있는 대표적인 나라 중 하나다. 수도권 지역의 인구 비중과 GRDP(지역 내 총생산)가 과도하게 몰리는 것은 역으로 지방 도시의 인구가 지속적으로 유출되고 재정이 감소한다는 것을 의미한다.

수도권으로 인구가 초집중되는 현상은 지방 쇠퇴의 속도를 높였다. 1970년을 전후로 대한민국의 인구는 지속적으로 증가했다. 당시 인구성장률은 연평균 2%를 웃도는 수준이었으며, 10년간 약 700만 명 이상이 증가했다. 이렇게 증가한 인구의 절반 이상이 수도권으로 유입되었다. 1990년대에는 국토 균형 발전의 일환으로 광역교통망 체계를 구성하고 특히 고속철도(KTX)를 통해 전

국을 연결했다. 그러나 이러한 교통 혁명은 서울과 수도권 도시로의 빨대 효과를 일으켜 인구 유입을 촉진하는 결과를 낳았다. 이는 인구 감소 대책만으로는 지방 도시의 축소를 막을 수 없음을 의미한다. 수도권과 지방의 근원적인 격차가 해소되지 않는다면 지방 소멸이 일어날 수 있다.

마스다 히로야(増田寛也)는 전체 인구가 대도시로 빨려 들어가 지방이 소멸하는 '극점 사회'가 될 수 있다고 언급하며, 이를 "대도시권이라는 한정된 지역에 사람들이 밀집해 고밀도의 환경에서 생활하는 사회"라고 설명했다. 그리고 이러한 사회는 전체 인구의 감소를 가속화하는 경향이 있으며, 결국 극점의 형성에 의한 규모의 경제나 효율성 향상과 같은 집적의 장점도 잃게 만든다고 지적한다.

출산율 감소, 인구 유출, 고령화는 대부분의 지방 도시가 겪고 있는 공통적인 현상이다. 그리고 인구가 감소하는 추세는 점점 더 가팔라지고 있다. 지방 도시의 쇠퇴는 삶의 다양성을 저해하고 거주와 근로를 위한 장소의 선택권을 좁힌다. 지방 도시의 기능이 축소되면 국가 전체의 성장 기반도 약화된다. 지방 도시의 인구 유출은 대도시의 초과밀화에 따른 사회적 문제로 이어진다. 도시의 지속 가능성을 약화시키는 것이다.

## 도시의 불평등이 심화된다

앞서 이야기한 대도시와 소도시, 수도권과 지방 도시와 같은 도시 간의 차이 외에도 단일 도시 안에서 생활하는 사람들 사이의 격차가 점차 커지고 있다. 이러한 불평등은 비도시 지역보다 도시 내에서 훨씬 명확하게 드러난다. 그리고 세계 경제를 선도하는 대도시, 이른바 슈퍼스타 도시에서 불평등이 더 극심한 양상을 보인다.

도시의 발생과 성장이 이러한 불평등을 만드는 과정이라고 해도 과언이 아니다. 공간의 위계를 구분하고 각종 자원을 특정 지역에 집중시키는 것이 도시화의 근본이기 때문이다. 그리고 도시가 진화해 나감에 따라 공간 사이의 구분, 도시에서 발현되는 혜택의 기회, 계층 간 격차는 더욱 두드러진다.

도시 안에서는 소득의 차이에 의한 경제적 불평등이 극명하게 발생한다. 폭넓은 산업이 집적된 도시에는 비도시 지역에 비해 다양한 형태의 일자리가 존재한다. 그리고 그에 따른 소득 수준도 천차만별이다. 이러한 차이는 개개인의 차원에서도 발생하지만 도시 공간의 위치에 따라서도 구분된다. 매일경제의 보도에 따르면, 서울시에 위치한 자치구의 소득 격차는 점점 더 증가하는 것으로 나타났다. 2024년을 기준으로 연소득 1위의 자치구와 25위의 자치구 간 소득 차이는 평균 8852만 원에 달하며, 이 격차는 3년 전에 비해 1000만 원 이상이 증가한 수치다. 동일한 서울 내 지역에서도 자치구별 양극화가 심화된 것이다.

하나의 도시 내에서도 공간적 불평등이 존재한다. 지역이나 구역의 위치에 따라서 자원, 환경, 기회, 서비스 등이 다르게 배분되어 있다. 특정 지역에는 양질의 주거와 교육 · 문화 · 의료와 같은 공공 기능이 집중되어 있는 반면, 낙후된 기반 시설과 노후 주거가 밀집되어 생활환경이 열악한 지역이 존재한다. 인접하여 위치한 단지의 담장을 경계로 이러한 격차가 극심하게 드러나는 경우도 많다. 성장 중심의 도시 정책과 시장 논리에 의한 부동산 개발은 이러한 격차를 구조화했다. 공간적 불평등은 계층 이동의 기회를 제한하고, 지역 내 단절과 사회적 갈등을 야기한다.

장애인, 고령자, 어린이 등 사회 취약층과 소수 집단은 도시 내에서 물리적 · 심리적 장벽을 경험하며 접근에 제약을 받는다. 제한된 이동 수단, 부족한 편의 시설과 공공 서비스는 차별을 만든다. 취약층은 이동권 · 안전권과 같은 기본적인 권리를 누리기 어렵고, 자연히 자기결정권이 약화된다. 사회에 만연하는 차별과 배제는 심리적 고립과 소외를 불러오며 이는 사회 전체의 안전망 구축 및 포용적 환경 조성에 악영향을 미친다.

## 도시의 정체성이 사라진다

도시의 정체성은 두 가지로 나누어 생각해 볼 수 있다. 첫째는 도시라는 지리적 · 공간적 구분과 경계에 대한 특성이다. 둘째는 특정 도시가 다른 곳과는 구분되는 고유한 개성이다. 현대의 도시는 이 두 가지의 측면에서 모두 기존의 정체성을 상실하는 현상을 겪고 있다.

디지털 기술의 급격한 발달과 초연결성의 실현은 도시라는 외형적 개념에서 비롯된 지리적 · 공간적 특성을 약화시킨다. 도시 공간의 경계는 점차 유연해지고 물리적 구획과 공간의 구분의 목표뿐 아니라 필요 여부 자체가 달라진다. 도시를 계획하고 정책을 결정하던 기존의 전통적인 방식이 더 이상 쓸모없을 수 있음을 의미한다. 완전히 다른 차원에서 도시를 규명하고, 기존의 도시 구조로는 담아내지 못하는 활동과 삶의 방식을 지원할 수 있어야 한다.

한편, 도시의 주요한 결정에서 지역 고유의 역사 · 문화와 전통, 지역의 특수성보다는 자본의 요구, 경제적 논리, 전 세계적으로 통용되는 글로벌 트렌드가 우선시되면서 특유의 개성이 약화되고 있다. 그리고 이는 도시의 정체성을 희미하게 만든다. 어느 도시에 가져다 놓아도 어색하지 않은 고층 빌딩과 공동 주택 단지들이 이제 표준화된 도시의 요소로 자리 잡았다. 억지로 만들어 낸 도시의 심볼이나 랜드마크로는 정체성을 유지할 수 없다.

도시는 문명의 발달을 촉발한 사회적 집합체이자 기능적 네트워크다. 인류는 도시를 형성하고 성장시키며 문명의 발전을 이루어왔다. 그러한 도시가 새로운 형태의 문제를 촉발하는 원인이 되고 있다. 도시에서 비롯된 위기를 해결하기 위해서는 도시에서의 변화가 필요하다. 도시가 직면한 위기에 대한 대응 없이 인류의 미래를 논하기 어려울 만큼 도시화는 확산되고 있다.

도시의 위기는 오래 전에 시작되었다. 그리고 시대의 흐름에 따라 그 유형과 정도가 달라졌다. 도시는 이에 대한 대응책을 모색하며 발전해 왔으며, 시대별로 새롭게 등장한 기술은 이를 뒷받침하는 강력한 수단이었다. 19세기의 급격한 도시화는 각종 전염병과 위생 문제를 야기했고 근대의 철강 · 토목 기술은 이를 해결할 도로망,

상 · 하수도와 같은 기반 시설의 건설을 가능하게 했다. 20세기 정보 · 통신 기술의 발전은 한층 더 확장되고 혼잡해진 도시 문제 해결에 기여했다. 그리고 최근에는 AI 기술의 발달이 현재 도시에 어떠한 영향을 주고 새로운 환경을 만들 것인지 주목받고 있다.

사전에 정의된 규칙을 기반으로 작동하던 기존 디지털 기술에 비해 AI는 학습 능력이 뛰어나다. 실제 변화의 흐름과 문제 발생 현황에 따라 지속적으로 성능을 개선하고 적응할 수 있는 AI는 도시 문제 해결에 새로운 가능성을 제기한다. 이러한 특성을 살려 각종 산업 분야에서 자동화를 주도하며 효율을 높이는 데에 중요한 역할을 하고 있다. 가까운 미래에는 자율적 작동 단위로서 스스로 판단을 내리고, 인간 의사 결정의 일부를 대체하는 범용성 높은 AI가 실생활 전반에 활용될 것으로 예상된다. 이는 도시의 계획과 운영에서도 혁신을 야기할 것이다. 데이터 기반의 예측과 실시간 분석을 반영하는 '지능형 도시 계획(Intelligent Urban Planning)'이 가능하고, 교통 · 환경 · 에너지 등 개별 시스템으로 분절되어 있던 도시 운영 체계의 단순한 통합을 넘어 스스로 조율하고 최적화할 수 있는 '도시 지능(Urban Intelligence)'이 구현된다. 이는 물리적 기반 시설이나 정보 · 통신 시스템의 집합체에서 진화한 하나의 동적 생태계로 이해할 수 있다.

AI 기술이 사회 전반에 급격한 변화를 가져오고 있는 시점에 이 책을 통해 지속 가능한 도시에 관해 이야기하는 이유다. 도시가 직면한 위기에 대응할 방향과 답을 찾기 위한 하나의 단서로 AI라는 새로운 수단이 지닌 전에 없던 가능성을 들여다보고자 한다. 그 한계와 예상되는 문제에 대해서도 살펴본다. 우리가 가져야 할 태도와 실천에 대한 질문을 던짐으로써 함께 고민할 수 있는 계기가 되길 바란다.

1장에서는 우리가 직면한 위기에 대응하기 위해 필요로 하는 지속 가능한 도시란 무엇인지 규명하고 이를 향해가는 과정과 그 어려움에 대해 서술한다. 2장부터 4장까지는 새로운 접근과 시도로 빅데이터와 AI, 디지털 트윈, 오픈소스 문화가 보여 준 가능성을 살펴본다. 5장부터 9장까지는 더 나은 도시를 위해 지향해야 할 가치에 관한 구체적인 내용과 이를 추구하는 과정에서 AI 기술의 역할과 한계를 고찰한다. 끝으로 10장을 통해 지속 가능한 미래를 위해 요구되는 관점의 전환에 대해 이야기한다.

## 참고문헌

구형수(2023). “무엇이 도시의 생존을 위협하는가: 도시축소에 대한 구조적 이해”. 《국토연구》, 119, 31~50쪽.

김기홍(2023). 《대한민국 소멸보고서》. 페가수스.

마스다 히로야(2015). 《지방소멸》. 와이즈베리.

매일경제(2025.1). ““소득은 그대로인데”… 훌쩍 뛴 집값, 서울서도 양극화 더 커졌다”. https://www.mk.co.kr/news/realestate/11222817

에드워드 글레이저(2011). 《도시의 승리》. 이진원 옮김. 해냄.

에드워드 글레이저(2023). 《도시는 왜 불평등한가》. 안종희 옮김. 매일경제신문사.

지표누리. “지역별 인구 및 인구밀도”. https://www.index.go.kr/unity/potal/main/EachDtlPageDetail.do?idx_cd=1007

프리드리히 폰 보리스·벤야민 카스텐(2020). 《도시의 미래》. 이덕임 옮김. 와이즈맵.

KAIST 문술미래전략대학원 미래전략연구센터(2024). 《카이스트 미래전략 2025》. 김영사.

WORLD BANK. Urban population. https://data.worldbank.org/indicator/SP.URB.TOTL.IN.ZS

# 01
# 지속 가능한 도시

우리가 직면한 도시의 위기를 극복하고 지속 가능성에 대해 함께 고민해야 할 시기다. 포용력과 회복력을 기반으로 끊임없이 활력을 창출하며 질적으로 성장하기 위한 동력을 보유한 도시, 미래 세대의 필요를 저해하지 않으면서 현 세대의 필요를 충족시킬 수 있는 도시를 향해 나아가야 한다.

기후 위기와 인공지능?

## 도시의 지속 가능성

환경오염, 자원 고갈, 불평등은 급격한 산업화와 도시화가 가져온 문제다. 인구 감소, 경기 침체, 사회적 불균형과 같이 현대 도시가 직면한 문제까지 더해져 오늘날의 도시는 복합적인 위기에 직면했다. '지속 가능성(Sustainability)'이 세계적인 화두가 된 이유다.

지속 가능성이란 모든 인간의 행위와 경제 · 사회 · 환경적 영역을 포괄하는 통합적 개념으로 사용된다. 일반적으로 "미래 세대의 필요 충족 능력을 저해하지 않으면서 현재 세대의 필요를 충족시키는 것"을 의미한다. 현재의 관점에서 욕구를 최대로 추구하는 것이 더 이상 최선이 아니며, 미래의 삶에서도 동등한 기회가 주어질 수 있도록 노력할 책임을 강조한다. 장기적인 시야에서 공존하는 삶을 촉구하는 것이다.

그렇다면 '지속 가능한 도시'란 무엇일까? UN은 "지속 가능한 도시는 시민의 기본적 필요를 충족시키며, 경제 성장을 보장하고, 환경을 보호하며, 사회적 포용성과 충격 대응력을 증진시키는 도시"라고 밝혔다. 도시의 지속 가능성은 사회적 포용성, 경제적 형평성, 환경적 안전성과 복원력을 함께 달성하는 상태를 말한다. 앞으로의 도시의 발전은 사회 · 경제 · 환경의 세 축을 균형 있게 발전시키는 방향으로 이루어져야 하며, 미래 세대의 필요를 훼손하지 않으면서, 현재 세대의 삶의 질을 향상시키는 도시가 되어야 한다.

## 모두를 위한 도시

지속 가능한 도시는 이전과는 다른 지향점과 목표를 요구한다. 국가적 차원에서 각자의 경쟁력을 최대화하는 방식으로 이루어져 온 기존의 도시화와는 달리, 모두의 삶의 질을 높이기 위한 전 세계적인 연대와 협력을 강조한다.

이는 UN의 SDGs(Sustainable Development Goals, 지속 가능한 발전 목표)에 잘 드러나 있다. SDGs는 2015년 채택된 국제 사회의 최대 공동 과제로, 2030년까지 빈곤 · 질병 · 교육 · 성평등 · 기후 변화 · 에너지 · 생태계 등 인류 전반의 보편적 문제 해결을 목표로 한다. 이를 위해 설정된 17대 목표 중 11번째로 '지속 가능한 도시와 공동체(Sustainable Cities and Communities)'를 명시하였다. 바로 "도시와 인간 정주지를 포용적이고, 안전하며, 회복력 있고, 지속 가능하게 만드는 것"이다. 주요한 실천 과제는 다음과 같다.

**1) 감당할 수 있는 적정 주거의 공급**

모두에게 안전하며 감당할 수 있는 적정한 가격의 주택과 기초적인 공공 서비스를 보장하고, 빈민가를 개선한다.

**2) 안전하고 접근 가능한 교통의 실현**

모두를 위해 안전하고 저렴하고 지속 가능한 교통 시스템에 접근 가능하도록 하며, 특히 대중교통 확대, 도로 안전 개선, 취약 계층 안전에 특별한 주의를 기울인다.

**3) 지속 가능한 도시화 추진**

모든 국가에서 포용적이고 지속 가능한 도시화를 추구하고, 참여에 의한 통합적인 정주 계획 및 관리가 가능하도록 역량을 강화한다.

**4) 세계 문화·자연 유산의 보호 및 보존**

세계의 문화유산 및 자연 유산의 보호와 보존을 위한 노력을 강화한다.

**5) 재난 피해의 감소**

재난으로 인한 사상자 수를 대폭 줄이고, 글로벌 GDP (국내 총 생산) 대비 경제적 손실을 감소시킨다. 특히 빈

곤층과 취약 계층의 보호에 중점을 둔다.

### 6) 환경의 부정적 영향 감축

대기 환경 및 도시 폐기물 관리에 유의하여 도시 1인당 환경의 부정적 영향을 감소시킨다.

### 7) 취약 계층에 포용적 환경 제공

모든 사람이 안전하고 포용적이며 접근하기 쉬운 녹지 및 공공 공간을 누릴 수 있도록 하고, 특히 여성, 어린이, 노인, 장애인을 배려한다.

위 내용은 UN SDGs 공식 사이트에 기재된 '지속 가능한 도시와 공동체(Goal11.)'의 주요 내용을 요약한 것으로, 전 세계의 합의와 참여를 촉구하며 2030년까지 이를 실행하는 것을 목표로 하였다. 공식 발표로부터 약 10년이 지났고, 이제 목표 기한까지 5년 남짓한 시점에서 목표는 잘 이행되고 있을까?

## 지속 가능성의 구현을 위한 노력과 평가

지속 가능한 발전이라는 세계적 목표하에 각 국가는 자국의 여건과 특수성에 부합하는 정책을 추진하고 있다.

일부 국가는 의미 있는 진전을 이루며 성과를 축적하고 있는 한편, 새로운 측면에서의 구조적 과제도 동시에 드러났다.

우리나라의 경우, 수도권과 그 외 지역 간의 격차가 크고, 도시 내에서도 양극화 현상이 심화되고 있다. 농촌 지역의 인구가 감소할수록 생활환경을 개선하기 위한 인프라 시설에 투자가 어렵고, 지역의 삶의 질을 떨어뜨리는 계기가 된다. 이는 대도시로의 이동을 유발한다. 악순환이 반복되는 것이다. 수도권과 지방 도시, 도시 지역과 비도시 지역의 균형 있는 발전을 도모하고, 국토 공간의 지속 가능성을 높이는 것은 중요한 정책 이슈다.

국토의 균형 발전을 목표로 수도권과 분리하여 행정 복합 도시를 만들고, 지역 산업 육성의 거점이 될 혁신 도시를 선정하여 공공 기관의 지방 이전을 유도하고 있다. 전국 1일 생활권을 목표로 광역 교통망을 확충하고, 차대세 지능형 교통 시스템과 같은 진화된 기반 시설을 신설 중이다. 한편, 쇠퇴하는 원도심과 낙후 지역의 활성화를 위해 전국적인 도시 재생 뉴딜 사업을 실시하고 있다. 물론 이러한 정책들이 실제로 지속 가능성의 추구에 얼마나 기여했는가는 별도의 문제이며, 적정한 평가 방법을 필요로 한다.

국내에서는 2011년 〈국토계획법〉을 개정하면서 도시의 지속 가능한 발전을 도모하기 위한 평가 제도를 도입했다. 지역 간의 비교가 가능하도록 국가적 차원에서 통합적인 평가 체계를 만들고, 도시의 성장 과정에서 환경과 사회에 미치는 영향을 고려하도록 법적 장치를 마련한 것이다. 이에 따라 중앙 정부와 지자체에서는 각 도시의 지속 가능성과 생활 인프라 수준을 평가하여 도시 계획을 수립할 때 그 결과를 반영해야 한다. 도시와 지역마다 정체성을 반영한 지속 가능성을 추구하도록 유도하겠다는 취지다.

평가는 크게 도시의 사회, 경제, 환경, 지원 체계로 구분된다. 사회 영역에서는 방재 · 안전, 사회 복지, 문화 · 체육 인프라 수준, 경제 영역에서는 인구 변화, 경제 활동률을 기본으로 평가하며, 환경 영역에서는 주거 밀도, 대기 및 수질, 교통 접근성 등을 기본으로 한다. 끝으로 지원 체계는 도시의 지속 가능성을 지원하는 행정과 조직의 역량 및 계획 집행력, 주민 참여 활성화 등을 기본으로 평가한다. 여기에 선택적으로 국내 계획 여건의 변화와 세계적 도시 계획의 추세를 반영하여 유니버설 디자인, 기후 변화 및 재난 대응, 스마트 도시 개발과 같은 정책을 평가하기도 한다.

## 도시의 역설

지속 가능한 도시의 구현을 위해서는 그에 상응하는 도시 계획이 필요하며 실제로 많은 나라에서 관련된 정책을 펼치기 위해 대량의 세금과 자원을 투입하고 있다. 그러나 도시 계획의 본질 자체가 구조적인 불평등을 양산하고, 본래 지향점과 상충되는 실행으로 이어지거나 의도와는 다른 부정적 영향을 야기하는 측면이 있다.

도시 계획은 공공-민간기업-시민 사회 등 다양한 행위자가 참여하는 다층적 위계 속에서 추진된다. 그리고 의사 결정의 권한은 정부와 지자체로 대표되는 공공에 있다. 그 과정에서 각 부처와 기관별로 권한과 책임이 극도로 분절되어 있어 통합적이고 지속 가능한 전략 수립이 어렵다. 포괄적 관점에서의 거버넌스가 작동하지 못하고, 칸막이 행정에 그치기 쉬운 구조다. 또한 정권의 변화에 따른 영향이 결정적이기 때문에 임기 내의 단기적 성과에 집착하는 결과를 낳는다.

도시 계획의 직접적인 이해 관계자인 토지 등 소유자, 투자자, 거주 및 생활권자는 각자의 입장과 이익을 기반으로 목소리를 낸다. 부동산 가치 증대, 투자 유치, 경제적 수익 증가, 신속한 개발과 서비스의 공급과 같은 성과에 대한 압력이 매우 크게 작용한다. 이때에 직접적인 소유권을 확보하지 못한 집단이나 계층은 의견 개진의 창구조차 확보하기 어렵고, 고려의 우선순위에서 쉽게 배제된다. 고르지 못한 기반 시설의 배분, 불합리한 공공 서비스의 제공, 형식적인 이주 대책 등은 도시 계획이 그리는 포용성과 형평성의 비전과는 정면으로 충돌하는 결정이다.

한정된 자원과 역량의 한계 역시 도시 계획의 역설을 만드는 원인이다. 장기적인 관점에서 지속 가능한 도시의 발전을 이루기 위해서는 안정적인 재원, 전문 인력, 적정 기술, 민관 거버넌스 등이 모두 요구된다. 통합적인 협력 체계와 적극적인 투자가 필요한 사안이다. 그러나 일반적인 지방 중소 도시는 재정난과 인력난을 복합적으로 겪는다. 지속 가능한 도시 계획과 실행을 가장 필요로 하는 지역일수록 이를 뒷받침할 재정도, 역량도 보유하지 못하는 것이다.

이렇듯 도시 계획의 본질적인 특성과 현실적 제약은 지속 가능한 도시 구현을 어렵게 하는 요인으로 작용한다. 도시를 더 나은 곳으로 만들기 위한 방법이 오히려 사회적 소외, 특정 집단에 차별과 배제를 부르고, 복잡한 이해관계와 제약 속에서 초기의 의도대로 계획을 이행하지 못한다. 도시계획이 지닌 근원적 모순이자 지속 가능한 도시의 역설이다.

## 도시 AI

도시 공간과 환경에 AI 기술을 적용하는 것을 넘어, 도시라는 복잡계의 특성과 맥락에 통합적 · 포괄적으로 연결된 AI와 이를 통해 더 나은 도시를 위한 의사 결정과 문제 해결에 이르는 모든 과정을 '도시 AI(Urban AI)'라고 할 수 있다.

기술이 도시와 시민의 삶, 행태를 근본적으로 변화시키고 있는 것처럼 보일 수 있지만, 도시는 새로운 도구를 수동적으로 모두 받아들이지 않는다. 드러난 문제와 이슈에 따라 기술을 선택적으로 채택한다. 따라서 모든 디지털 기술이 반드시 도시를 더 스마트하게 만들지는 않는다. 도시는 그저 기술을 채워 넣기를 기다리는 빈 그릇이 아니라, 맥락과 필요에 따라 기술적 옵션을 걸러내고 적응하고 때로는 거부하는 적극적인 주체다(Beroche, 2021).

정보 · 통신 및 디지털 기술의 발전은 인간의 효율을 높이고 경제적 이득을 가져다주었다. 그러나 도시가 직면한 복합적이고 동적이며 다양한 문제를 해결하기에는 충분하지 않았다. 도시 AI의 차별성은 여기에 있다.

### 도시의 특성을 반영한 융·복합적 접근

기술이 도시에서 실질적인 영향력을 발휘하기 위해서는 수많은 이해 관계자의 합의, 상호작용에 대한 고려, 복잡한 도시 특성이 반영되어야 한다. 기존의 디지털 기술로는 이를 포용하기에 한계가 있었다. AI는 다차원 · 다속성의 복잡한 도시 데이터를 수집하고 연계하여 해석할 수 있다. 도시가 해결해야 하는 근본적인 문제를 목표로 실재하는 도시의 요소들과 시스템의 융합에 최적화가 가능하다. 또한 도시의 정책 사항과 같은 비기술 부분에 대한 맥락적 이해를 토대로 접근할 수 있다. AI는 단순히 효율을 높이는 것 이상으로 도시의 복잡성에 대응한다.

### 혁신적 수준의 학습력과 지식화 능력

사전에 정해진 규칙에 의해 작동하는 기계와 달리, AI는 방대한 데이터에서 패턴을 학습하고 그 경험을 기반으로 스스로 성능을 향상시킨다. 학습한 내용을 토대로 이전에 접하지 못한 상황에 대해서도 적응적 추론이 가능하다. 나아가 AI는 데이터 간 의미, 맥락, 속성의 규칙을 추론하고, 복잡한 현상을 기계가 이해 가능한 지식 네트워크로 변환할 수 있다. 정보를 의미 있는 지식 구조로 변환하는 것은 이를 기반으로 새로운 지식을 도출하고 맥락에 대한 이해를 가능하게 한다.

### 자동화를 넘어 자율성으로의 전환 가능성

AI 기술을 도입하여 도시의 문제를 해결하는 과정이 이전의 디지털 기반 접근과 구분되는 점은 '자동화(Automation)'와 '자율적인 의사 결정(Autonomy)'의 차이에 있다. 사람이 일일이 개입하지 않아도 반복적인 작업을 수행하는 자동화와 달리, AI는 목표 달성을 위한 환경을 스스로 인식하고 상황에 맞게 조정할 수 있는 능력이 있다. 이러한 자율성은 복잡하고 비정형적인 상황에서도 문제를 해결할 수 있는 근간이 된다.

진정한 의미의 자율성을 구현하고 AI가 직접 의사 결정에 참여하기 위해서는 아직 풀어야 할 숙제가 많다. 인지-학습-결정-실행의 전 주기에 걸쳐 총체적인 최적화가 필요하며 이를 처리할 수 있는 컴퓨팅 자원이 뒷받침되어야 한다. 무엇보다 중요한 것은 윤리적 책임과 안전성이다. AI에 의한 자율적인 의사 결정이 예기치 않은 위험을 일으키지 않도록 보완이 필요하며, 어느 지점까지 자율화를 허락할 것인지에 대한 인간의 합의가 요구된다.

## 도시 AI의 구현과 도시 계획가의 역할

첨단 기술의 적용과 디지털 기반 시설의 구축에 집중하던 기존의 도시적 접근과 도시 AI의 구현은 차이가 있다. AI는 도시의 물리적 · 사회적 · 정책적 측면을 반영할 수 있으며, 기존의 데이터를 새로운 지식 체계로 변환 가능하다. 나아가 의사 결정의 주체로서 자율성을 가질 수 있다. 도시 AI의 구현은 도시의 계획과 관리 · 운영에 혁신적인 변화를 가져올 것이다. 이를 위해서는 어떤 준비가 필요할까?

도시 데이터 생산 체계 및 AI 인프라를 구축하고, 역량 있는 연구자와 연구 기관을 중심으로 AI 생태계를 육성해 나갈 수 있도록 AI 클러스터 전략이 필요하다. 급격한 사회 변화와 혁신의 부작용이 가져올 위협에 대응하기 위해 도시 AI 거버넌스를 마련해야 한다(이세원 · 이기훈, 2024).

도시 계획가의 역할에도 변화가 요구된다. AI를 통해 도시 현상에 대한 복잡한 분석과 통합적인 추론이 고도화되면 이를 토대로 도시 문제를 정확하게 진단해야 한다. AI 활용에 앞서 '어떠한 문제를, 왜 풀어야 하는지'에 관한 고찰이 선행되어야 한다. AI의 알고리즘과 작동 과정이 삶의 질을 높이고 더 나은 도시를 만들기 위한 절차에 부합하는지 검토가 필요하다. AI가 도출한 정보와 결과에 대한 판단은 결국 인간의 몫이다. 그런 의미에서 도시 계획 의사 결정 과정에서 더 발전된 계획가의 통찰력이 요구될 것이다.

## 새로운 접근과 시도

도시의 지속 가능성을 위해서는 기존의 시행착오와 한계를 극복할 수 있는 접근이 요구된다. "문제를 만들어 낸 것과 동일한 사고방식으로는 그 문제를 해결할 수 없다"는 말처럼, 새로운 관점과 새로운 차원의 시도가 필요하다.

인류는 창조적 의지와 협력으로 도시라는 환경을 만들고 번영을 이루었다. 수많은 세대에 거쳐 삶의 형태를 진화시키고, 적응과 혁신을 거듭해 왔다. 오늘날의 도시가 직면한 새롭고 복합적인 위기 역시 우리가 겪어 온 역사의 한 켜로, 그 또한 극복하고 삶을 지속할 방안을 찾아 낼 것이다.

### 참고문헌

국토교통부(2022.12). "22년 도시의 지속가능성 및 생활인프라 수준 평가 및 시행 연구".

김승남(2024). “AI 시대, 도시계획가의 미래와 역할 변화”. 《AI가 변화시키는 미래 도시 2》. 17~24쪽. 국토연구원.
https://library.krihs.re.kr/%24/10110/contents/5869852?checkinId=2568609&articleId=1672620

이세원·이기훈(2024). “도시 AI(Urban AI) 구현을 위한 정책 방향”. 《AI가 변화시키는 미래 도시 1》. 6~16쪽. 국토연구원.
https://library.krihs.re.kr/%24/10190/contents/5869852?checkinId=2568609&articleId=1672619

황명화(2018). “인공지능을 활용한 스마트 국토·도시관리의 현황과 추진과제”. 《AI로 그려보는 스마트 미래 국토 1》. 5~14쪽. 국토연구원.
https://library.krihs.re.kr/%24/10110/contents/5869852?checkinId=2199569&articleId=1406684

Beroche, H.(2021). Urban AI.
https://urbanai.fr/our-works/urban-ai-report

Popelka, S. et al.(2023). Urban AI GUIDE.
https://urbanai.fr/our-works/urban-ai-guide

UN(1987). Report of the World Commission on Environment and Development: Our Common Future.
https://digitallibrary.un.org/record/139811

UN(2015). Transforming our world: the 2030 Agenda for Sustainable Development.

UN-Habitat(2016). New Urban Agenda.

02

# 도시라는 복잡계의 이해: 빅데이터와 AI

도시는 단순한 물리적 공간이 아니다.
상호작용하는
사회 · 경제 · 환경 · 기술 · 정책의 집합체로서
고유한 질서를 형성하고 진화하는 복합적
시스템이다. 도시라는 복잡계를 이해하기 위한
도구로서 빅데이터와 AI는 새로운 가능성을
보여 준다.

노래하는 AI 보컬?

## 도시를 이루는 요소

도시를 규정하는 방법에는 정답이 없다. 공간의 밀도와 연속성을 기준으로 하기도 하고, 일정 인구 이상이면 도시로 분류하기도 한다. 누군가는 행정구역상의 경계를 도시의 기준으로 삼는다. 각자가 생각하는 정의는 서로 다르더라도 도시가 물리적 · 사회적 · 경제적 · 환경적 · 제도적 공동체로서 함께 살아가며 서로 연결되는 곳이라는 점에는 크게 이견이 없을 것이다. 하나의 합의된 문장으로 도시를 정의할 수 없기에 이를 이루는 요소들을 몇 가지 차원으로 구분하여 고찰해 보고자 한다. 이는 도시의 특성을 이해하고 그 안에서 일어나는 현상들을 바라보는 관점을 제시하는 데에 의미가 있다.

**물리적 차원(Physical Dimension)**

도시의 형태와 구조를 이루는 공간적 실체로서, 기반 시설의 배치와 모든 활동의 물리적 토대가 된다. 도시 공간 구조, 토지 이용, 기반 시설, 교통 체계, 건축물 밀도 및 형태 등이 이에 해당한다.

**사회적 차원(Social Dimension)**

개인과 집단이 상호작용하며 사회적 연결과 정체성, 문

화를 형성하는 공동체적 관계망이다. 인구 구조, 사회적 자본, 지역 문화, 교육, 보건, 복지 등이 이에 해당한다.

**경제적 차원(Economic Dimension)**

생산 · 분배 · 소비를 매개로 가치 창출과 자원 배분이 이루어지는 기능적 시스템이다. 산업 구조, 고용 및 소득, 도시 재정 등을 포함한다.

**환경적 차원(Environmental Dimension)**

도시 내외의 생태적 상호 의존을 통해 지속성 및 회복력을 유지하는 균형 체계다. 기후 변화, 탄소 배출, 생물 다양성, 위기 대응 능력 등이 최근 이와 관련하여 이슈가 되고 있는 항목이다.

**제도와 정책적 차원(Institutional & Governance Dimension)**

도시의 운영과 조정을 가능하게 하는 규범이자, 의사 결정 구조를 조율하는 관리 체계다. 법규, 계획, 규제, 거버넌스 체계 등을 포함한다.

이러한 차원의 구분은 도시를 더욱 다면적으로 분석하기 위해 활용된다. 도시의 정의와 마찬가지로 차원의 구분 역시 상대적이다. 위에 제시한 차원 외에도 기술적 차원, 정보 네트워크의 차원, 삶의 질 차원 등을 별도로 구분하기도 하며, 각 차원은 상호 연관성을 토대로 서로 중첩되는 영역을 갖는다.

## 다차원적 복잡계, 도시

도시를 이해하고자 할 때, 눈에 보이는 요소만 고려하거나 고정된 정적 대상으로 이를 바라보아서는 그 본질을 파악하기 어렵다. 도시는 끊임없이 변하는 유기체이며, 동적 시스템이다. 다양한 차원과 요소들이 서로 관계를 맺으며 스스로 진화한다. 이처럼 도시는 복잡계이기에 고유한 특성을 갖는다.

도시는 다층적 구조(Multi-level Structure)를 이룬다. 개인, 가구, 지역 사회, 도시로 이어지며 나아가 광역권, 국가, 세계로 연결된다. 이러한 계층적 네트워크 구조는 상호 의존적이다. 하위 계층의 변화가 상위 계층의 패턴으로 확산되며, 상위 계층의 변화가 하위 계층의 환경에 영향을 준다.

도시에서 일어나는 현상은 비선형적 성격(Non-linearity)을 띤다. 인구, 교통, 부동산, 환경의 변화 및 사건은 선형적 인과관계로 설명이 어려운 경우가 대부분이다. 원인과 결과가 비례하지 않고, 동일한 변화가 전혀 다른 차원과 규모의 영향력을 만들어 낸다. 수많은 행위자가 다층적 피드백 구조를 이루고 있으며, 시점마다 관여하는 요인들이 다르기 때문이다. 이러한 비선형성은 때때로 예상하지 못한 혼돈을 야기하기도 하지만 동시에 새로운 질서의 창발을 유도한다. 도시를 이해한다는 것은 이러한 불확실성과 복잡한 상호작용의 패턴을 읽는 일이다.

도시는 내외부의 변화에 반응하며 스스로를 조정하고 재구성하는 적응성(Adaptivity)과 동태성(Dynamics)을 지닌다. 이러한 반응은 현상의 유지나 복구가 아니라 새로운 균형을 찾아가는 진화적 과정으로 작동한다. 이에 따라 도시의 각 차원들은 지속적으로 재편되며 복합적인 패턴을 형성한다. 더불어 이러한 특성은 지역의 정체성에 따라 고유한 양상으로 발현된다.

## 도시 데이터의 특징

복잡계에서 생성되는 데이터 역시 복잡성을 내재한 형태로 발생한다.

도시에서 주로 수집되는 데이터는 CCTV, 센서 등에 의한 비정형 데이터에 해당한다. 이러한 비정형 데이터는 그 상태로 활용이 어려운 경우가 많으며, 단일한 구조로 정제하기가 쉽지 않다. 유동 인구나 활동량과 관련된 행동 기반 데이터 중 일부는 반정형 데이터로 완전한 비정형은 아니더라도 맥락 · 공간 · 시간 정보가 결합된 형태로 존재한다.

도시 현상은 시점에 따라 급격히 달라지며 데이터의 의미와 관계가 시간에 따라 변한다. 따라서 도시의 데이터는 실시간성을 띠며 빈도가 높다. 하지만 실시간 데이터를 연속성 있게 수집하는 것이 현실적으로 쉽지 않고, 수집하더라도 데이터의 량이 방대하여 다루기 어렵다. 또한 데이터 간의 개연성이나 패턴을 찾아낼 수 있다는 보장도 없다.

도시 데이터는 여러 수준(Level)과 서로 다른 크기(Scale)로 중첩되어 있다. 동일한 현상이라도 관측 주기에 따라 상관관계가 완전히 달라질 수 있다. 예를 들어, 하루 단위 이동 패턴과 주간 단위 통근 패턴은 서로 다른 패턴을 가지며, 동일한 장소의 데이터도 해당 블록을 범위로 분석할 때와, 광역적 범위로 분석할 때 다르게 해석될 수 있다. 이러한 다층 · 다중 스케일 속성은 도시 데이터 분석에서 단일 스케일만을 고려할 경우 현상의 일부만 포착된다는 것을 의미한다. 동일한 지표라도 맥락에 대한 이해와 이를 고려한 해석이 필요하다.

이와 같은 특성은 서로 다른 데이터 간에 긴밀히 연결되어 복합적 피드백 구조를 형성하게 한다. 신규 주거 공급은 해당 지역의 인구 유입을 야기하고, 인구 증가는 교통 수요의 증가와 추가적인 생활 서비스 향상의 당위성을 제공한다. 이를 통해 전반적인 주거 환경이 개선되면 부동산 개발 수요가 생겨나고, 이는 다양한 형태의 주거가 새롭게 건설되는 결과로 이어질 수 있다. 이러한 상호작용성(Interdependency)은 도시의 주요한 특징이다.

## 공공 데이터의 활성화

국내에서는 2013년 「공공데이터법」 제정을 계기로 데이터의 전면적 개방 체계를 마련하게 된다. 누구나 자유롭게 접근하여 이용할 수 있는 공유의 자원으로서 Open Data(오픈 데이터 또는 공공 데이터)에 대한 인식이 생긴 것이다. 정부 · 지자체 · 공공기관이 보유한 데이터 중에 민간의 활용도가 높고 정보 공개의 민감성이 낮은 정보를 우선적으로 공유를 시작했다. 이후 수집 가능한 데이터가 증가하고 수요가 높아지면서 다양한 주제와 형태로 데이터가 확대되고, 이를 지원하는 공공 플랫폼이 활성화되었다.

**사례1. 국가 통계 포털 KOSIS(kosis.kr)**

표준화된 형태의 국가 통계 자료를 통합적으로 제공하기 시작한 정부 공식 플랫폼이다. 데이터 개방 이전인 2007년부터 전국 단위의 통계 정보를 제공했다. 데이터는 가공된 통계 형태로만 확인 가능하며 일반적으로는 원천 데이터(Raw data)를 제공하지 않는다.

**사례2. 국가 공간 정보 포털 NSDI**

2011년부터 국토 · 도시 · 환경과 관련된 공간 데이터를 제공했던 플랫폼이다. 국토교통부와 LX한국국토정보공사에 의해 관리되었으며, 국토 공간 지도, 지형도, 교통망 정보, 관련 계획도 등 다양한 공간 데이터를 제공했다. 공간정보의 제공 체계를 재편하면서 2023년을 끝으로 서비스가 종료되었다. 현재는 주요 기능과 데이터가 브이월드(Vworld) 및 국토정보플랫폼으로 통합 · 이관되었다.

**사례3. 서울 열린 데이터 광장(data.seoul.go.kr)**

서울시에서 관리 · 운영하는 공공 데이터 플랫폼이다. 지자체 단위로는 최초이며, 국가적 차원의 공공 데이터 개방의 선도적 역할을 담당했다. 이 플랫폼의 개설을 계기로, 이후 부산, 대전, 경기 등 지자체별 공공 데이터 포털이 잇따라 생겼다.

**사례4. 공공 데이터 포털(www.data.go.kr)**

2013년 개설된 국가 차원의 통합 공공 데이터 플랫폼이다. 모든 중앙부처 · 지자체 · 공공기관 데이터를 표준화하고 원천 데이터를 개방한 것에 의의가 있다. 2025년을 기준으로 약 10만여 개의 데이터세트, 4만여 개의 API 서비스를 제공한다. 공공 데이터 포털의 개방 추세는 API 자동화 및 실시간성 확대, 데이터 품질의 고도화, 데이터 연결망 확산 등으로 점차 향상되고 있다.

**사례5. AI 허브(aihub.or.kr)**

2017년 개설된 인공지능 학습용 데이터 플랫폼이다. 공공 데이터를 포함한 방대한 데이터를 제공하며, 이미지 · 음성 · 텍스트와 같은 비정형 데이터, 이상 상황 데이터(Abnormal data) 등 다양한 유형의 데이터가 존재한다. 인공지능 학습을 위한 메타 정보 및 정답값(Label, Ground truth)을 포함한다. 산업 현장 및 공공 서비스 전반의 AI 데이터 수요를 반영하여 지속적으로 신규 데이터를 확대 중이다.

## 빅데이터(Big data)의 역할과 한계

방대한 규모와 다양한 차원의 도시 데이터가 수집·가공되어 누구나 접근 가능하게 된 것은 정보 통신 기술의 발달과 디지털화, 제도적 뒷받침이 있었기 때문이다. 또한 데이터가 그 자체로 자원으로 인식되면서 경제적 가치가 생기기 시작했고, 충분히 많은 데이터가 정확성을 담보한다는 논리에서 빅데이터가 지식 생산의 패러다임으로 부상했다.

빅데이터는 도시 현상을 실시간으로 기록하고 수집하는 가능성을 확장했다. 이제는 유동 인구, 교통량, 대기질, 그리고 도시 내 곳곳에서 일어나는 각종 사건과 사고를 즉각적으로 관측할 수 있다. 실시간으로 누적되는 대규모 다차원 데이터를 저장하고 처리할 수 있게 된 것은 더 깊은 차원으로 도시를 파악할 수 있는 기반을 만들었다.

그러나 이렇게 수집된 데이터를 목적에 맞게 가공하고 활용하여 유의미한 결과를 도출하는 것은 또 다른 문제다. 도시를 분석하기 위한 전통적 모델은 대부분 평형상태, 선형적 인과성을 전제로 한다. 이는 표본 통계 기반의 분석에는 적합하지만 현대 도시의 특성을 반영하기는 어렵다. 특히, 통계적 회귀(regression) 또는 설명

변수 중심의 인과 분석 방법론은 통제된 변수 간의 관계를 설명하는 데에는 유용할 수 있으나, 시공간이 복합적으로 상호작용하는 고차원 데이터의 분석은 한계가 있다. 현실 세계를 이해하기에는 분석 모델이 단조롭고, 이를 이론적으로 완전하게 구현하기에는 어려운 차원이 존재하는 것이다.

## 도시와 AI

AI는 인간이 설계한 기존 이론이나 모델을 뛰어넘는 분석과 추론이 가능하다. 특히 딥러닝(Deep Learning)은 수백만 개의 변수 간 관계를 다층 신경망 구조로 모델링함으로써 현실의 비선형성(Non-linearity)과 상호작용성(Interdependency)을 반영할 수 있다.

AI는 불완전한 데이터 환경에서도 적응적 학습이 가능하다. 도시에서 발생하고 수집되는 데이터에는 결측, 오류, 편향이 존재한다. 개인-가구-지역사회-도시-그 외 확장 가능한 전 영역까지 모든 현상을 빠짐없이 반영하는 것 자체가 불가능에 가까우며, 오히려 분석의 초점을 흩트릴 수 있다. 빅데이터라 하더라도 불완전성을 감안할 필요가 있는 것이다. 이러한 데이터 특성을 보완할 수 있는 것이 AI 학습 방식이다. 자기 지도 학습

(Self-Supervised Learning), 확률적 학습(Probabilistic Learning), 강화 학습(Reinforcement Learning) 등을 통해 불완전한 데이터에서도 최적의 추론을 유도할 수 있다. 결측이나 손실은 서로 다른 출처 및 상이한 차원의 데이터를 복합적으로 사용함으로써 정확도와 신뢰성을 보완할 수 있다.

AI는 동태적(Dynamic) 도시에 대한 이해의 폭을 확장한다. 기존 도시가 가정했던 정태적(Static) 구조의 평형 상태와는 달리 현실은 유동적이다. 실제 도시는 외부 충격, 기술 혁신, 정책 변화 등에 따라 지속적으로 구조를 재편한다. AI 모델은 고정된 함수에 의해 움직이지 않으며 데이터의 변화 양상을 통해 스스로 최적의 알고리즘을 찾고 가중치를 조절할 수 있다. 이는 고정되지 않고 변화하는 도시를 이해하는 데 강점을 갖는다.

## 고도화된 AI의 범용적 활용과 가능성

AI의 급속한 발전에도 이를 산업 현장에 직접 투입하고, 의사 결정의 과정에 주요한 역할을 부여하는 데에는 어느 정도 한계가 있었다. AI의 성능을 보장할 수 있을 만한 양질의 데이터를 확보하기 쉽지 않고, 복잡하며 변수가 많은 현장에 대응하기 어렵기 때문이다. 결과에 대한 불확실성 역시 적극적인 활용을 가로막는 한계로 작용했다.

텍스트, 이미지, 음성, 영상 등 서로 다른 데이터 유형을 한 번에 통합적으로 이해하고 생성하는 멀티모달 모델(Multimodal Model)은 AI의 성능을 급격히 향상시켰다. ChatGPT와 같은 생성형 AI에 대한 일반인의 활용도가 높아졌다. 그럼에도 일부 오류 및 환각(Hallucination) 현상은 여전히 문제가 되었다. 하지만 최근에는 이러한 부분도 크게 개선되었다. 외부 지식 데이터베이스, 최신 정보, 첨부 문서 등을 실시간으로 검색·참조하여 이를 기반으로 응답을 생성하는 RAG (Retrieval Augmented Generation) 기술과 자기 검증(Self-Verification) 기법 등은 이에 대한 보완을 가능하게 했다.

목표를 이해하고 스스로 해결 절차를 수립하며 이에 요구되는 다양한 자원을 스스로 조율하는 에이전틱 AI (Agentic AI)의 발전은 또 다른 변화를 기대하게 한다. 수동적인 명령 이행의 범위를 벗어나, 전 과정을 능동적으로 수행하며 인간의 조력자이자 의사 결정의 동반자로서 역할을 할 수 있다.

나아가 범용 인공지능(Artificial General Intelligence, AGI)의 시대는 지금까지와는 확연히 다른 세상을 열 가능성이 있다. AGI는 다양한 상황을 유연하게 이해하고 판단하여 학습과 문제 해결을 스스로 수행하는 인공지능을 말한다. 마치 인간처럼 생각하고 작동하며 지능의 본질에 다가간다. 이는 산업계 전반에 혁신을 가져올 뿐만 아니라, 도시라는 복잡계에서도 중요한 전환점을 만드는 계기가 될 것이다. 다차원 데이터의 통합 및 실시간 분석을 기반으로 자율적인 의사 결정을 내리고 창의적으로 문제를 해결할 수 있다. 도시 시스템의 최적화, 초개인화 기반의 맞춤형 공공 서비스 제공, 복합적인 사회 문제의 통합 솔루션 생성을 가시화한다. AGI의 실현으로 도시 지능의 혁신이 예상되는 것이다.

## 참고문헌

공공 데이터 포털. www.data.go.kr
국가 통계 포털 KOSIS. kosis.kr
국토교통부 데이터 통합 채널. data.molit.go.kr
국토정보플랫폼. map.ngii.go.kr
류태준 외(2025). 《AI와 산업의 전략적 사고》. 커뮤니케이션북스.
박상길(2022). 《비전공자도 이해할 수 있는 AI 지식》. 반니.
브이월드. www.vworld.kr
서울 열린 데이터 광장. data.seoul.go.kr
정부24. plus.gov.kr
통계지리정보서비스 포털. sgis.mods.go.kr
AI 허브. aihub.or.kr

## 03
# 도시 실험실의 구축: 디지털 트윈

현실의 도시를 가상공간에 그대로 구현하고
여러 가지 시나리오를 실험할 수 있다면
어떨까? 실시간 환경 변화가 그대로 반영되고
실험의 설정 값에 따른 차이를 확인할 수 있다면
도시 관리에 더없이 유용할 것이다.
도시의 변화를 모니터링하고 정책과 계획의
영향력을 시뮬레이션 하는 도구로서 디지털
트윈이 지닌 가능성이다.

인공지능과 편향?

## 현장 실험이 어려운 도시

삶의 공간인 실제 도시에서는 현장 실험을 통한 연구를 수행하기 어렵다. 새로운 정책이나 계획의 적정성을 검증하고 변화와 영향력을 확인하려고 할 때 제약이 크다.

현실 실험은 윤리적 측면에서 문제가 될 수 있다. 일상생활이 이뤄지는 도시에서의 실험은 시민의 안전과 프라이버시, 권익에 직접적인 영향을 준다. 또한 특정 실험을 수행하는 자체로 해당 지역이나 집단에 갈등을 야기할 소지가 있다.

새로운 시도의 실험은 기존 법과 제도에 위배될 수 있다. 예를 들어 교통 신호 체계에 관한 실험을 실시하고자 하면 도로교통법, 도로법, 교통안전법 등 관련 법규의 규제를 받으며, 경찰청, 국토교통부, 해당 지방자치단체의 관리 · 감독이 요구된다. 법과 규제를 준수하더라도 실험에 대한 사전 승인, 시민 동의 등이 요구될 경우 현실적으로 수행이 어려울 수 있다.

도시 실험에서는 환경 통제의 문제도 존재한다. 수많은 외부 요인이 동시에 작동하는 개방적 환경에서 실험을 위한 특정 변인만을 조정하려고 해도 통제가 사실상 불가능하다. 이는 실험 수행을 어렵게 만들 뿐만 아니라 결과 간 인과관계를 명확히 식별하기 어렵게 하므로 근본적인 한계를 초래한다.

## 현실의 복제, 디지털 트윈(Digital Twin)

현실 세계에서의 도시 실험의 어려움과 한계를 극복하는 수단으로 전 세계가 주목하는 것이 디지털 트윈(Digital Twin)이다. 디지털 트윈은 물리적 객체를 디지털상에 복제한 쌍둥이를 말한다. 제품이나 설비 등의 디지털 복제체를 생성하여 현실 세계의 상태 및 상호작용을 실시간으로 모니터링하고 시뮬레이션할 수 있는 기술 체계다.

이러한 기술이 국토 공간에 적용된 것이 디지털 트윈 국토다. 국토연구원에 따르면 "'디지털 트윈'이 기술 용어로서 디지털 트윈 기술이 적용된 모든 도메인을 포괄하는 수평적 개념이라면, '디지털 트윈 국토'는 디지털 트윈 기술 적용 대상을 공간적 관점에서 보고 수직적 위계를 포괄하는 최상위 개념"이다. 시스템 레벨, 건축물 및 기반시설 레벨, 도시 레벨로 확장되는 모든 위계를 포괄하는 것이 디지털 국토 레벨에 해당한다.

## 세계의 디지털 트윈 시티

국가적 차원에서 디지털 트윈을 구축하고 현실 공간의

상호작용을 구현하여 선진화된 도시 계획 및 관리를 도모하는 도시가 많다.

**사례1. 싱가포르: 버추얼 싱가포르(Virtual Singapore)**

싱가포르의 버추얼 싱가포르는 도시 전체를 디지털 트윈으로 구현한 세계 최초의 사례다. 2014년 싱가포르 정부가 스마트 국가 조성의 전략의 일환으로 시작한 프로젝트로, 단순한 3D 모델의 구축이 아니라 실시간 교통, 환경, 에너지, 인구 활동 데이터를 연동하여 도시 내 상호작용을 시뮬레이션하는 것을 목표로 한다. 도시 관련 정책을 수립하고 계획하기 위해 디지털 트윈 시티를 의사 결정에 활용하고, 이를 기반으로 공공 데이터를 공개함으로써 접근성을 높이고 있다. 버추얼 싱가포르의 핵심 기능은 크게 4가지로 구분된다.

첫째는 도시 환경에 물리적으로 개입하지 않고 정책 · 기술 · 환경 변화에 따른 영향을 시뮬레이션하는 가상 실험 기능이다. 도시 전역의 3D 공간 모델에 통신 인프라와 지형 · 건축 데이터를 결합하여 전파 도달 범위를 시각화하고, 신호 음영 지역을 식별하는 기능으로 개선이 필요한 취약 구역의 우선순위를 도출하는 모델 등이 있다.

둘째는 새로운 기술이나 서비스를 실제 환경에 적용하기 전에 검증하는 가상 테스트 베드 기능이다. 3D 시뮬레이션 환경에서 실증 데이터를 기반으로 테스트가 가능하다. 실제로 IoT, 자율주행, 친환경 건축 기술의 도입 전에 성능을 검증하고 시스템을 최적화하는 데에 활용되었다.

셋째는 계획 및 의사 결정 지원 기능이다. 공간 정보, 건축 정보, 인프라 데이터를 통합하여 데이터 기반(data-driven)으로 도시 계획 및 정책에 관한 의사 결정을 내릴 수 있도록 지원한다.

넷째는 연구 개발 지원 기능이다. 버추얼 싱가포르 플랫폼을 각 분야의 연구자가 활용할 수 있는 공동 연구 인프라로 제공한다. 산업계 · 학계 · 연구기관 · 공공기관 등이 동일한 가상 환경에서 데이터를 공유함으로써 지식의 융합을 장려하고 혁신을 촉진한다.

**사례2. 영국: NDT(National Digital Twin, 국가 디지털 트윈)**

영국의 NDT(National Digital Twin)는 국가 차원의 대표적 디지털 트윈 사업으로, 건축물, 도로, 공급망, 각종 시스템과 물리적 자산을 하나의 디지털 생태계로 구축하고, 공공-민간 부문을 포괄하여 데이터를 통합하고 이 프로세스에 접근 가능하도록 하는 것을 목표로 한다.

영국 정부는 이 프로그램을 와이트 섬(Isle of Wight)의 주택 개보수 사업에 활용하여 실질적인 효과를 창출하고 있다. 디지털 트윈을 기반으로 단열 문제 해결, 에너지 효율 개선 등이 필요한 대상 가구를 신속하게 식별하고, 통합 지원이 가능한 사업을 연계하여 집행 속도를 높였다. 또한 개보수를 통해 향상된 탄소 감축 현황을 모니터링하고 이후 사업 수행에 필요한 분석 데이터로 활용한다. 이 사례는 NDT 프로그램의 테스트 베드로서, 영국 내 주택 개선의 수집 · 통합 · 연동 · 분석을 실증하는 한편, 정책적 의사 결정 및 집행의 효율을 높이고 포용적 주거 공급에 기여했다는 평가를 받고 있다.

### 사례3. 호주: 공간 정보 기반 디지털 트윈(Spatially Enabled Digital Twins)

호주에서는 지상 · 지하의 건조 환경과 자연 환경을 모두 공간 정보화하고 시간 요소를 추가하여 실제 세계의 변화 과정을 동적으로 재현할 수 있는 4D 공간을 구축했다. 이를 통해 IoT 센서 · 기상 관측 · 교통 흐름 등 취합된 데이터를 트윈 모델에 연결하고 시간에 따라 도시 내부의 다양한 변화를 추적 · 분석 · 예측할 수 있다.

주 정부 차원에서도 공간 정보 기반 디지털 트윈이 널리 활용되고 있다. 뉴사우스웨일스(NSW) 주는 이 시스템을 비상사태의 예측 및 대응에 활용하였으며, 학계, 산업계, 기업, 정부가 경계를 넘나들며 협업할 수 있는 플랫폼으로서의 역할을 강화하고 있다.

빅토리아 주에서는 'Digital Twin Victoria'를 구축하고 토지 관리, 교통, 환경, 시민 서비스 등의 영역에서 데이터 기반 시뮬레이션 및 정책 검증을 실시한다. 개방형 API를 통해 시민, 기업, 연구자에게 데이터 접근을 허용하고 공공 혁신형 디지털 트윈 모델을 추구하고 있다.

## 디지털 트윈을 향한 국내 전략

정부가 관계부처 합동으로 2021년에 발표한 '한국판 뉴딜 2.0'의 10대 과제 중 하나로 디지털 트윈이 명시되었다. 디지털 트윈 활성화 전략으로 신산업 기반 조성, 대규모 선도 시장 창출, 기술 경쟁력 강화, 표준화 및 제도 개선 등을 제시했으며, 이와 관련하여 11대 추진 과제를 구체화했다. 국토교통부는 디지털 트윈 국토 추진 로드맵을 발표하고, 국가 인프라의 트윈화를 추진한 한편, 디지털 트윈 시범 사업을 시행했다.

중앙 정부의 기조 아래, 각 지역에서는 지역별 수요에

기반한 디지털 트윈 전략을 추진하고 있다. 일부 지자체는 자체적으로 디지털 트윈을 구축하고 관련 서비스를 제공하기 시작했다. 해당 지역의 정밀도 높은 3D 공간 모델의 구축을 중심으로 시뮬레이션 서비스, AI 예측 모델 등을 함께 적용하는 시도가 다수 존재하며, 이를 심의 과정 등에 활용하여 의사 결정을 지원한다.

## 디지털 트윈 국토의 가능성

국토 전체의 물리적 공간, 상태, 속성을 디지털화하고, 각종 센서 · 지리정보시스템(GIS) · IoT 등을 활용하여 실시간으로 동기화하는 디지털 트윈은 차별화된 국토의 계획과 관리를 가능하게 한다.

### 안전한 국토 관리

디지털 트윈을 기반으로 기반 시설, 건축물, 산지, 수변 공간 등을 모니터링하여 이상 변화를 감지하고 신속하게 대응할 수 있다. 또한 재난 시나리오에 따른 예상 경로와 피해 규모 등을 사전에 시뮬레이션함으로써 대응의 정확도를 높이고 안전 강화에 기여한다.

최근에는 초정밀 공간 정보에 시간 요소를 더한 4D 통합 모니터링 기술로 상황 진단의 수준을 한층 높인 디지털 트윈이 구축되고 있다. 이에 관제 센터, 긴급 구조 기관, 의료 시설 등과 상호 소통을 가능하게 하여 위험 상황 발생에 능동적인 대응이 가능하다. 또한 가상현실(VR) · 증강현실(AR) 기술을 접목하여 모의 재난 상황을 구현하고 대응 훈련을 실시하는 등 활용 영역을 확장하고 있다.

### 친환경 국토 관리

디지털 트윈은 국토 전반의 에너지 흐름을 모니터링하고 친환경적으로 관리할 수 있도록 돕는다. 건축물이나 산업 현장에서의 에너지 사용 현황, 온실가스 배출 정도, 재생 에너지 증감률 등을 실시간으로 파악하고, 최적화 방안을 도출할 수 있다. 또한 탄소 중립 정책과 실행이 도시에 미치는 영향을 시뮬레이션하고 실제 수치를 정량화하여 의사 결정에 활용 가능하다. 건축물 단위의 디지털 트윈은 실제로 활용되는 사례가 많다. 조명 · 냉난방 · 환기 · 설비 운영을 자동화하여 불필요한 에너지 낭비와 탄소 배출을 막는 데에 기여하고 있다.

### 경제적 편익 제고

디지털 트윈은 국토 관리의 경제적 효율과 사회적 부가

가치를 비약적으로 증진시킬 수 있다. 교량, 도로, 상하수도의 실시간 상태를 모니터링하고 노후된 부분을 사전에 발견하여 유지·보수하는 과정의 비용을 절감할 수 있고, 이에 따른 고장이나 사고를 예방하여 손실을 최소화한다. 국토의 운영 및 유지·관리의 위험을 줄이고 비용을 절감하는 데 직접적으로 역할하는 것이다.

각종 사업의 절차 단축과 추진 속도의 개선에 따른 효용도 크다. 설계, 인·허가, 감리 등의 프로세스를 디지털화함으로써 정확하고 신속한 업무 처리가 가능하다. 이는 비용 절감으로 이어질 수 있다. 국토 계획, 도시 개발, 재해 예방 및 대응에 있어 데이터 기반 성과 관리와 투명한 예산 집행을 통해 행정상의 비효율을 저감하고 신뢰를 높이는 효과는 사회적 부가 가치 제고에 긍정적인 역할을 한다.

### 산업 경쟁력 강화

국토 공간의 디지털 트윈화는 산업 현장에서의 혁신을 만드는 기반이 된다. 정밀 공간 데이터와 시뮬레이션으로 건설·물류·에너지·제조 등 산업의 디지털 전환을 돕고 스마트 공정 구축의 환경을 제공한다. 실제로 각종 공간 정보 산업, 재난 안전 솔루션, 플랫폼 서비스 등에서 신성장을 주도하고 있다.

디지털 트윈은 산업 생태계에서의 오픈 이노베이션을 촉진한다. 공공 데이터의 개방과 민간 데이터의 결합으로 통합적인 분석 및 솔루션의 기반을 제공하고, 민·관·학·연 협업의 플랫폼으로 역할한다. 공공 기관에서는 이를 활용한 도시 문제 해결 프로젝트나 시민 정책 제안 등을 추진하고, 학계에서는 연구 개발 플랫폼으로 활용하고 있으며, 다수의 스타트업이 디지털 트윈 국토를 활용한 솔루션 및 서비스를 제공하고 있다.

#### 향상된 공공 서비스의 제공

디지털 트윈 환경을 토대로 도시와 국토 전반의 공공 서비스 품질을 향상하고 대응 능력을 혁신할 수 있다. 공공 서비스는 기반 시설, 공공 청사, 공간 자원을 통해 제공되는 경우가 대부분이며, 민원 처리 및 치안·방법 역시 위치 정보에 해당하는 공간 좌표를 기점으로 이루어진다. 따라서 양질의 공간 지리 정보는 공공 서비스의 수준과 직결된다.

특히 디지털 트윈을 기반으로 AI 기술을 접목하여 개인화된 맞춤형 서비스를 제공하고, 사용자의 접근성을 높일 수 있다. 예를 들면 개인별 에너지 사용 패턴 분석,

맞춤형 위험 환경 정보 안내, 지역별 수요 맞춤형 생활 서비스 등이 가능하다. 실시간 국토 · 도시 데이터와 시민의 행태 정보를 연동하여, 개개인이 필요로 하는 정보 및 서비스의 제공을 가능하게 하는 것이다.

## 참고문헌


관계부처 합동(2021.9.6). "한국판 뉴딜 2.0, 초연결 신산업분야의 핵심 디지털 트윈 활성화 전략".

국토연구원(2020). "가상 국토 구현을 위한 디지털트윈 정책방향".

국토연구원(2022). "디지털 트윈 국토 구현을 위한 전략 및 과제". 《국토정책 Brief》, 856.

정보통신산업진흥원(2024). "국가별ICT 시장동향(영국)". https://www.globalict.kr/upload_file/kms/202406/8854638653846447.pdf

NSW Spatial Service. NSW Spatial Digital Twin. https://www.spatial.nsw.gov.au/digital_twin

# 04
# 상향식 접근의 실현: 오픈소스 문화의 가능성

도시에 관한 의사 결정은 소수에 의해 하향식으로 이루어져 왔다. 지속 가능한 도시를 위해서는 시민의 참여와 직접적인 의견 개진이 필요하다. 오픈소스 문화는 진정한 의미의 상향식 의사 결정을 실현하기 위한 시사점을 제시한다.

청각장애인과 AI?

## 도시의 의사 결정

에란 벤조셉(Eran Ben-Joseph)은 "진보라는 이름으로 한 세기 전에 제정했던 토지 분할, 경사도 조정, 유틸리티 설치, 가로와 보도 계획의 기준들이 지역적 환경의 다양성과 무관하게 전 세계 여러 지역에서 채택되어 왔다"고 말한다. 그는 저서에서 "이 계획 기준은 19세기 말과 20세기 초 도시 지역의 열악한 상태를 개선하기 위해 발생한 것으로, 위생, 안전, 도덕의 문제들의 해결에 필수적 수단이 되었다"며, 이 규칙에 따라 많은 건축물이 건설됨에 따라 오늘날의 보편적 기준으로 받아들여졌다고 설명한다. 그리고 이러한 기준이 오늘날의 새로운 문제를 처리하는데 제약이 되고 있음을 지적한다.

도시 개발에 대한 결정과 계획 수립의 권한은 대부분 공공과 소수의 전문가에게 있다. 국내에서는 한국전쟁 이후 도시 재건의 시급성과 산업화 추세에 대응하기 위해 중앙 집권형 도시 계획이 이루어졌다. 중앙 정부가 주요 정책을 결정하고 목표를 수립하면, 지방 정부는 이를 실행하는 구조였다. 이는 대규모 주택난을 해결하고 광역적인 도로망을 확장하는 등 국토 개발이 신속하게 추진 가능하도록 한 부분이 있다. 그러나 이 과정에서 지역성의 상실, 환경 파괴가 야기되고 일방적인 결정과 변화에 지역민의 저항이 발생하기도 했다. 1990년 대 이후, 민주화 흐름 및 지방자치제의 도입으로 도시 분야에도 참여형 계획의 요구가 커졌다. 도시 계획의 주체로서 주민의 역할이 강조되기 시작한 것이다.

국토연구원의 보고서에 따르면 "도시 계획 수립 과정에서 기존의 어떤 하나의 목표를 달성하기 위해 하향식(Top-down) 방식의 계획 실행 방식보다는 다양한 요구와 목표에 대응하기 위한 상향식(Bottom-up) 방식의 계획이 요구"되었으며, "도시기본계획, 도시관리계획, 지구단위계획 수립 절차상에서 주민 제안 방식이 도입되어 운영 중에 있으나, 그 실효성은 다소 미흡한 측면이 있어 의견 수렴 방식에서 개선이 필요함"을 제언하고 있다.

시민 참여형 도시 계획에 대한 공감대가 형성되고 관련된 정책이 지속적으로 추진되고 있으나 진정한 의미의 상향식 의사 결정을 이루기는 쉽지 않아 보인다. 도시 분야에서 시민 참여에 의해 열린 의견을 제시할 수 있는 영역 자체가 매우 한정적이며, 그 과정에서 자유롭게 의견을 제시한다고 하더라도 도시 계획의 큰 방향을 설정하거나 주요한 결정에 관여할 수 있는 것은 아니다. 여전히 공공과 소수 전문가에 의해 이미 정해진 틀 안에서 형식적인 형태로 의견을 조사하는 데 그치는 실정이다.

## 오픈소스 문화

기존의 의사 결정 체계를 뒷받침하는 법과 제도를 바꾸어 진정한 참여를 구현하는 것은 단기간에 기대하기 어려운 부분이다. 그렇다면 어떤 접근이 가능할까? 오픈소스(Open Source) 문화는 이 질문에 새로운 가능성을 제시한다.

오픈소스란 프로그램의 소스 코드(Source Code)를 공개하여 누구나 자유롭게 열람 · 수정 · 배포할 수 있도록 허용하는 것을 말한다. 이러한 문화가 확산되기 시작한 계기는 산업계 전반의 디지털화, 데이터의 기하급수적 증가, AI 기술의 발전 등과 모두 연결된다. 정보의 보안과 지식 자산화를 위한 독점이 더욱 가치 있던 시대에서, 더 많이 공유하여 더 많이 활용하는 것이 더 많은 가치를 창출하는 시대로 접어든 것이다. 이러한 오픈소스 문화는 기술에 대한 진입 장벽을 낮추고 지식의 교류와 융합을 촉발하여 혁신의 토대를 만들었다.

공유와 개방의 문화는 특히 AI 분야에서 괄목할 발전을 이루는 데 기여한 바가 크다. 관련 논문 및 연구 자료, 모델 구조 및 설계, 데이터세트를 누구나 접근 가능한 형태로 공개하여 학습과 연구의 장벽을 근본적으로 낮췄다. 이는 연구의 재현 가능성을 높여 지식 체계의 신뢰성을 강화한 측면도 있다. 논문 공유 플랫폼 'arXiv(아카이브)'는 이에 중요한 허브 역할을 했다. 초기에는 이론 물리학 중심의 네트워크였으나 점차 수학, 컴퓨터 과학, 통계학, AI 등으로 분야를 확장하며 세계 최대의 오픈 액세스 논문 저장소로 발전하여 학술적 성과에 대한 접근성을 획기적으로 높였다. 특히 arXiv는 학회나 저널에 논문이 정식 게재되기 이전에 사전 공개(Pre-publication Disclosure)하는 플랫폼으로, 새로운 지식과 기술에 접근 속도를 향상했다는 것에 의의가 있다. 이후에 동일 논문을 정식으로 투고해도 중복 게재에 해당하지 않는다.

개발자들이 표준적 구조 체계 안에서 쉽고 효율적으로 프로그램을 만들 수 있도록 돕는 오픈 프레임워크(Open Frameworks)의 등장은 기술 혁신을 촉진한 또 하나의 계기가 되었다. 이 프레임워크는 누구나 활용하고 수정하며 확장할 수 있도록 공개된 소프트웨어 개발의 기본 뼈대이자 개방형 개발 툴이다. 이미 만들어진 구조 안에서 누구나 애플리케이션이나 AI 모델을 쉽게 만들 수 있고, 직접 코드를 수정하거나 새로운 기능을 추가하여 기여할 수도 있다. PyTorch(파이토치), TensorFlow(텐서플로)가 대표적인 프레임워크에 해당하며, 소스 코드를 공개할 뿐만 아니라 작동 원리에 대한 상세한 설명과 활용 예시를 제공한다.

GitHub, Papers with Code, Hugging Face Hub와 같은 오픈소스 플랫폼은 연구자와 개발자가 소스 코드를 공유하고, 이를 자유롭게 활용 · 수정 · 배포하여 또 다른 가치를 창출하는 데 직접적으로 기여했다. 이는 AI의 혁신 주기를 단축하고 지속적인 진화를 가능하게 만들었다.

특정 개인 또는 기업이 고유한 소스 코드를 공유하고, 핵심 기술의 원천을 공개하는 것은 자칫 손실처럼 여겨질 수 있다. 그러나 공유와 확산은 그보다 더 큰 영향력을 가져다준다. 누구나 접근할 수 있게 하여 확장성을 높이고 지식의 재생산에 참여할 수 있게 하여 자연히 서비스의 진화를 유발한다. 오픈소스 문화가 작동하는 근간이다.

## 더 나은 환경을 위한 시도들

도시의 위기는 오픈소스 문화에 의한 새로운 시도의 가능성을 확인한 계기였다. 전 세계적으로 코로나가 확산되면서 마스크 품귀 현상이 발생했다. 이에 우리나라 정부는 공적 마스크 재고 현황을 Open API로 개방했다. 구매 가능한 마스크가 어느 점포에 얼마나 존재하는지 실시간으로 모두에게 공개한 것이다. 누구나 접근 가능한 공공 데이터 포털에 올라온 데이터라고 해서 모두가 쉽게 이용할 수 있는 것은 아니었다. 해당 포털에서 Open API 데이터를 사용하려면 암호화된 문자열로 이루어진 인증키를 발급받아야 하고, 데이터는 일반인이 알아보기 어려운 형태(JSON · XML 등)로 존재했다. 상대적으로 인터넷 활용에 익숙하고 디지털 문해력이 높은 젊은 층에게도 결코 친숙한 환경이 아니다.

하지만 얼마 되지 않아 이 데이터를 활용한 어플리케이션들이 동시다발적으로 배포됐다. 개발 주체는 다양했다. 가장 대중적으로 활용된 어플리케이션 중 하나인 '웨어마스크'는 한 고등학교 학생이 만들어 배포한 것이었다. 개발자들이 서로 코드를 공유하고 샘플 앱을 공개하면서 빠르게 오류가 수정되었고, 편리한 기능이 구현되었으며, 더 직관적으로 이용할 수 있는 어플리케이션으로 진화했다. 이를 통해 개발 환경에 익숙하지 않은 시민들도 손쉽게 마스크 정보를 확인할 수 있게 되었다.

공공 데이터의 오픈 자체가 중요한 정보에 접근 가능하도록 만든 것은 사실이다. 그러나 데이터의 공개만으로는 폭넓은 접근이 이뤄지지 않았다. 진짜 접근 장벽을 허문 것은 시민들이었다. 이러한 시도가 민간의 자발적 참여에 의해 이뤄졌다는 점에서 그 의미가 크며, 공공이나 정부의 대응보다 훨씬 신속하다는 부분에 주목할 만하다.

## 상향식 의사 결정의 가능성

앤서니 타운센드는 저서 《스마트 시티: 더 나은 도시를 만들다》를 통해 지역의 특정 필요에 맞추어 스마트 기술을 부단히 혁신시켜 나가는 커뮤니티로서 '시민 실험실'의 중요성을 언급한다. 그는 "시민 실험실의 세상은 인터넷처럼 아이디어들이 도시 안에서, 그리고 도시 사이에서 순환함으로써 그 부분들의 합 이상이 되게 마련이다. 그러나 국지적 혁신과 교차 수정 같은 균형이 어떻게 될지 아직은 분명하지 않다"고 말한다. 나아가 이른바 업계로 대표되는 상향식 계획론자와 이에 상반되는 풀뿌리 소그룹을 구분하며 "미래가 소그룹들의 필요에 따라 만들어진 수백만 개의 앱들로 채워진다면 조합적 접근법이 지배적이 될 것이다. 만일 업계가 옳다면 소수의 핵심적 해결책들과 표준들이 성공할 것이다. 보다 실현 가능한 미래는 이 둘 사이의 어딘가에 있다. 즉 아이디어와 도구와 데이터를 실시간으로 교환하는, 웹과 같은 스마트시티 네트워크가 그 미래다"라고 밝힌다.

## 함께 만드는 도시

지속 가능한 도시의 실현을 위해 오픈소스 문화가 시사하는 바는 명확하다. 누구나 정보에 접근 가능하고 이를 가공 · 갱신 · 축적하는 데 기여할 수 있는 환경은 지식의 공유와 확산의 속도를 급격히 높인다. 그 안에서 계층이나 지위에 관계없는 평등한 소통이 이루어지며, 모두에게 협업의 기회가 주어진다. 이는 혁신을 가속화한다. 열린 문화와 자율의 기반 위에 집단 지성이 극대화 되고, 창의적인 시도가 연쇄적으로 일어난다. 이러한 과정을 통해 함께 만든 결과물은 투명성이 확보되고 결과에 대한 공감대와 신뢰를 얻기 마련이다.

하지만 오픈소스 문화가 상향식 계획의 실현을 담보하는 것은 아니다. 의사 결정의 최종 주체는 여전히 경직된 관료 체제를 이루고 있다. 책임을 최소화하기 위해 변화보다는 기존 방식을 선호하고, 열린 소통보다는 권위에 대한 존중이 우선시되는 문화를 단번에 바꾸기는 어려워 보인다. 도시 계획의 문은 굳건히 닫혀 있는 듯하다.

긴 호흡으로 꾸준히 문을 두드려야 한다. 열린 문화를

퍼트리고 참여의 영향력을 쌓아 나가는 시도가 필요하다. 오픈소스는 시민 실험실의 실행력을 높이고, 도시 문제에 직접적인 솔루션을 제공할 수 있는 길을 열었다. 공공의 어떤 결정이나 집행보다 빠르다는 점은 시민 사회만의 강력한 무기다. 참여의 폭과 다양성이 이전과는 비할 수 없이 확대된 환경 또한 큰 몫을 한다. 우리 스스로 먼저 문제를 풀 수 있다. 그리고 이러한 결과가 축적되면 아래에서 위로 향하는 길을 만들 수 있다.

오픈소스 문화는 우리 도시가 직면한 문제를 해결하고 어떠한 방식으로 지속 가능한 미래를 향해 나아갈 것인지에 관해 새로운 접근 방법을 제시한다. 모두를 위한 도시는 열린 문화를 통해 함께 만들어 나가는 과정을 필요로 한다.

### 참고문헌

국토연구원(2019). "도시계획변천과 정책이슈 기초연구".

박상길(2022). 《비전공자도 이해할 수 있는 AI 지식》. 반니.

앤서니 타운센드(2018). 《스마트 시티: 더 나은 도시를 만들다》. 도시이론연구모임 옮김. MID.

Ben-Joseph, E.(2005). *The Code of the City: Standards and the Hidden Language of Place Making*. MIT Press.

## 05
# AI와 도시 포용력

도시는 근원적으로 불평등을 내포한다. 공간의 위계와 기능의 집중은 구분을 만들고 차별과 배제를 야기했다. 이에 따른 격차가 심해지는 현대 도시는 지속 가능성을 위협받고 있다. 도시의 포용력이 필요하다.

AI 콘텐츠 크리에이터?

## 도시의 불평등

앙리 르페브르(Henri Lefebvre)는 도시의 중심성과 위계 구조가 본질적으로 불평등을 내포한다고 보았다. 이러한 도시 구조는 계획적 개발과 산업·경제의 논리 속에서 동질성과 반복성을 강화하며 확산된다. 또한 르페브르는 자본이 도시의 논리를 지배함으로써 공간이 교환가치를 중심으로 상품화된다고 주장했다. 도시가 삶의 공간이 아닌 매매 가능한 상품처럼 다뤄짐에 따라 다양성과 개별성은 점차 사라지고 그 과정에서 사회적 불평등이 심화된다는 것이다.

도시의 높은 지가와 주거비 부담은 주거 불안정의 요인이 되고, 상대적으로 소득이 낮은 계층의 중심지 거주를 어렵게 만들어 외곽으로 이동을 유발한다. 이때 기회의 불평등이 함께 작용한다. 일자리나 교육의 기회가 풍부한 중심지로 장거리 통학·통근이 일상화되는 것이다. 이는 개인적 차원에서는 시간과 비용의 손실을 낳고, 도시 전반에서는 직주의 불일치, 교통 혼잡, 탄소 배출량 증가 등을 야기한다.

도시의 불평등은 녹지의 분포와 접근성에서도 나타난다. 서울시 내에서도 자치구별로 공원 및 녹지에 대한 접근성의 체감 차이가 확연하며, 실제로 토지의 식생 상태를 정량화하였을 때 그 정도가 다르다. 이는 경제적 차이에 따라서도 영향을 받는데, 소득 수준이 낮은 지역일수록 전체 녹지 비율이 낮고 더 높은 열섬(Urban Heat Island) 현상을 겪는 것으로 나타났다.

이러한 도시 간의 격차와 사회 · 경제 · 환경적 불평등은 점차 심화되고 있다. 그리고 그 속도는 계속 빨라진다. 지금까지 성장과 발전을 최우선으로 두었던 도시 개발과 관리의 여파다. 더 이상의 불평등은 상위층의 삶에도 위협으로 작용한다. 모두의 문제이며 새로운 대응과 해법이 요구된다. 그리고 이에 대한 패러다임의 전환으로 도시의 포용성에 대한 논의가 이뤄지고 있다.

## 포용 도시(The Inclusive City)

'포용(包容)'은 대상을 너그럽게 감싸 안고 받아들인다는 뜻이다. 영어로 'Inclusion'은 사회의 여러 영역에서 모든 사람이 소외되지 않고 함께 참여하는 상태를 의미한다.

서울연구원의 연구에서는 포용 도시의 의미를 설명하기 위해 사회적 배제(Exclusive)라는 개념을 먼저 거론한다. 사회적 배제는 다차원적인 영역에서의 자원, 권리, 서비스의 부재, 참여의 제한을 포함하며, 이는 주로 특정 집단과 관련된 제약으로 나타난다. 이러한 제약을 완화하고 기회와 접근을 보장하는 것이 사회적 포용을 실현하는 일이며, 사회의 다양한 기회와 자원을 사람들이 향유할 수 있도록 하는 상태 또는 노력의 현실을 포용성이라고 설명한다. 더불어 도시화의 과정에서 사회적 배제가 발생함을 지적하며 "산업화의 진전과 함께 나타나는 도시화는 단순하게 인구가 도시 공간에 집중과 집적되는 과정만을 의미하는 것은 아니다. 이 과정에서 일부 계층 또는 지역의 빈곤화와 특정 계층의 배제, 지역적 불균형에 따른 공간 발전의 문제가 제기된다"고 표현했다.

유엔 해비타트(UN HABITAT)는 포용 도시를 "모든 사람이 재산, 성별, 연령, 인종, 종교에 상관없이 도시가 제공해야 할 기회들에 생산적이고 긍정적으로 참여할 수 있는 장소"라고 정의했다.

이후 포용 도시의 개념은 보다 구체화 되었고, 불평등과 배제가 빈번한 상황에서 사회 통합을 위한 새로운 잠재력을 도시가 제공해야함이 강조되었다. 유엔 해비타트가 2015년에 발표한 자료에 따르면, 이를 위한 주요 동인을 두 가지로 구분할 수 있다. "첫째는 이해 당사자들이 직면한 다양한 수준에서의 포용적 도시 발전을 위한 정치적 합의(Commitment)이고, 둘째는 도시 계획 수립, 실행, 평가 과정에서의 참여와 사회 혁신, 기본 서비스에 대한 접근의 권리 인식, 중앙과 지방 정부의 적절한 책임과 역할 분담과 같은 경로를 설정하는 것이다."

## 포용 도시의 핵심 가치

어떻게 하면 우리의 도시가 포용 도시에 가까워질 수 있을까? 이를 위해 우리가 추구해야 할 핵심적인 가치는 무엇일까?

유엔 해비타트는 포용 도시의 원칙을 "지속 가능성(Sustainability), 보완성(Subsidiarity), 형평성(Equity), 효율성(Efficiency), 투명성과 책임(Transparency and Accountability), 시민 참여와 시민 의식(Civic Engagement and Citizenship), 안정성(Security)"으로 꼽았다.

세계은행(World Bank)에서는 포용 도시를 위한 접근을 "공간적 차원(Spatial Dimension), 사회적 차원(Social Dimension), 경제적 차원(Economic Dimension)"으로 구분했다. 공간적 차원은 주거, 기반 시설, 기본 공공 서비스에 대한 동등한 접근성을 말하며 이는 생활환경의 질을 높이는 문제와 함께 논의된다. 사회적 차원은 권리, 존엄, 형평, 안전의 근본 원칙과 관련된 것으로 개인과 집단이 사회에 참여할 수 있는 조건을 개선하는 과정에 해당한다. 경제적 포용의 차원은 모든 사람에게 경제적 기회를 보장하는 것으로, 지역 경제 재정이나 교육 및 직업 훈련에 대한 접근성 등이 기반으로 작용한다.

서울연구원에서는 서울형 포용 도시 지표를 "사람 포용성, 공간 포용성, 거버넌스 포용성"의 세 가지 영역으로 구성하고, 서울시의 발전 패러다임을 포용 도시의 지향, 포용적 성장으로 전환해야 할 시점임을 강조한다.

## 포용성의 구현, 그리고 AI

도시 속 일상에서 포용을 이루기 위해서는 다양한 차원의 접근이 필요하다. 이때, 적정 기술은 접근 방식을 고도화하고 포용의 범위를 넓히는 데에 활용될 수 있다. 발전된 AI 기술은 포용의 구현에서 어떤 가능성을 지녔을까?

### 정보의 균형

정보의 불균형은 도시 내 불평등을 유발하는 주요한 원인이자, 사회적 배제의 구조적 기제로 작용해 왔다. 특정 계층과 지역만이 데이터나 정보에 접근할 수 있는 환경은 기회와 권력을 기울어지게 만든다. AI는 정보의 균형에 이바지할 수 있다. AI 기반의 분석과 알고리즘 시스템은 다양한 차원에서 사회적 통찰을 가능하게 하며, 공공 의사 결정의 투명성을 높인다. 시민 모두에게 정보에

의 접근성을 확장한다. AI를 통해 도시 거버넌스에서 정보의 균형을 확보한다면, 정보 접근의 격차로 인한 차별과 불평등을 완화할 수 있다.

유럽연합(EU)의 'Open Data Directive'와 네덜란드 암스테르담의 'AI Register'는 도시 행정의 알고리즘 운영 정보를 시민에게 공개하여, 정보 비대칭 구조를 해소한다. 암스테르담 시는 AI를 통해 교통 운용, 주택 배분, 에너지 관리 등 주요 정책 자료를 시각화하고, 시민이 직접 검증할 수 있도록 하면서 도시 공간에서의 정보 접근권을 실질적으로 보장했다. 이는 AI를 활용하여 투명성과 신뢰 기반의 정보 균형을 확보한 대표적인 사례다.

### 디지털 서비스의 접근성

공공 서비스의 디지털화는 도시의 물리적 · 공간적 제약으로 인한 불평등을 완화하는 핵심 기능이다. 전통적인 공공 서비스가 지역 및 행정 구역을 중심으로 물리적 기반 시설에 의존했다면, 디지털 서비스는 이를 비대면 · 실시간 네트워크로 전환하여 접근성의 범위를 확장시킨다. 교통, 의료, 교육, 행정 등 도시 필수 서비스의 디지털화를 실현하고 장애인, 고령자, 농어촌 주민 등 물리적 이동성이 제한된 계층에게 기회를 제공할 수 있다. 특히,

AI를 기반으로 하는 공공 서비스는 일반적인 디지털 전환과는 달리 포용적 접근을 가능하게 한다. 디지털 격차와 문맹을 해소하는 과정까지도 서비스에 포함할 수 있는 것이다. 예를 들면, 음성 인식만으로 사용자의 요구를 이해하고 AI 에이전트를 활용하여 연동이 필요한 행정 · 복지 · 인증 등 서로 다른 시스템의 절차를 자동으로 수행할 수 있다. 복잡한 디지털 활용 과정을 AI가 대신해 주는 것이다.

서울시의 '챗봇 2.0 행정 지원 시스템'은 생성형 AI와 자체 초거대 언어 모델(LLM)을 기반으로 구축되어, 공무원과 시민이 모두 사용할 수 있는 통합형 에이전트 서비스를 제공한다. 사용자가 음성이나 텍스트로 질의하면 AI가 행정 규정 · 데이터베이스 · 문서 시스템을 자동 연동해 필요한 정보를 실시간으로 검색하고 답변하거나 문서를 작성한다. 더 나은 서비스를 위해 개선되어야 할 부분은 분명 존재하지만 고령층과 디지털 취약 계층도 공공 정보에 편리하게 접근할 수 있는 기반이 마련되었다.

### 참여의 확대

AI는 도시의 민주적 거버넌스를 변화시키며 시민 참여 방식의 지평을 넓히고 있다. 기존 참여 방식이 특정 시간 · 장소에서의 오프라인 집합에 의존했다면, 디지털 기반 플랫폼은 시간적 · 물리적 제약 없이 의견 수렴, 여론 분석, 정책 시뮬레이션을 가능하게 한다. 특히, AI 기반 시민 참여는 단순한 의견 제시에서 지능적 상호작용(intelligent interaction)으로 발전했다는 점에서 의미가 있다. 생성형 AI는 시민의 질문 의도와 맥락을 이해하여 정책 수립 과정에 정성적 데이터를 반영하고, 예측 분석을 통해 참여 결과를 시뮬레이션할 수 있게 한다. 이러한 구조에서는 시민의 피드백이 단순 참고자료가 아닌 실시간 학습 데이터로 활용되어, 정책이 시민의 요구에 따라 유연하게 조정되는 순환형 거버넌스가 형성되는 것이다.

AI를 활용한 공공 서비스 및 시민 참여 절차는 도시 의사 결정을 보다 개방적이고 다층적으로 만든다. 시민은 데이터 제공의 원천이자 감시자이며, 정책의 공동 발의자로 역할할 수 있으며, 포용 도시는 이러한 시민 참여 방식과 기회의 다변화가 가능한 구조 위에 성립한다.

## 포용하지 못한 것들에 관한 포용

앞서, 도시의 포용성을 구현하는 수단으로 AI 기술의 가능성을 살펴보았다. 이는 전통적 접근 방식의 한계를 극복하고 지금까지는 이루지 못한 차원의 포용을 향해 가는 과정이다. 하지만 AI는 사용의 목적과 방법과 따라 또 다른 불평등, 차별, 배척을 야기할 수 있다.

AI가 학습하는 데이터에는 사회적 편견과 차별이 내재되어 있을 수 있다. 이러한 데이터의 편향은 치우친 알고리즘을 만드는 원인이 된다. 그리고 이를 활용한 추론 및 예측은 잘못된 방향으로 의사 결정을 유도할 수 있다. 불평등이 만연한 사회에서 수집 · 축적된 데이터가 불평등한 AI를 만드는 것이다.

AI 기술의 발전과 활성화는 윤리적 문제를 끊임없이 야기했다. 검증되지 않은 정보의 생성이나 환각(Hallucination)과 같은 문제는 물론이고, 개인 정보의 노출, 이미지나 영상의 합성으로 범죄에 직접적으로 악용되는 딥페이크(Deepfake) 등은 사회의 질서를 위협하고 인간의 존엄성을 해한다. 기술이 정교해지는 만큼 그 위협도 증가했다.

AI에 의해 결론이 도출되는 과정에서의 객관성과 적정성에도 논란의 여지가 있다. 어떠한 정보가 어떤 목적에 의해 취사선택되었는지 분명하게 알기 어렵다. 이는 근원적으로 AI의 높은 복잡성과 블랙박스와 같은 구조의 불명확성에 기인하는 측면이 있다. 결국 이를 기반으로 하는 결론도 형평성을 담보하는지 여부가 명확하지 않다. 또한 설계자나 운영자의 판단에 의해 특정 로직과 룰이 적용될 수도 있으며, 사용자는 이러한 알고리즘적 편향을 식별하거나 통제하기 어렵다.

이 밖에도 AI 자체가 인간의 기회를 박탈하고 경제적 양극화를 심화하는 원인이 된다는 시각도 존재한다. 고도로 진화된 AI가 미래 인류의 존립을 위협할 것이라고 예측하는 사람도 있다. 그 진위 여부를 떠나, AI의 등장이 사회적 불안을 조장한 측면이 있음은 명백하다.

양날의 검과도 같은 AI를 적절히 활용하기 위한 인간의 판단과 합의가 중요하다. AI가 지닌 잠재력과 위협을 고르게 인식하고 비판적으로 수용하는 태도가 요구된다. 무조건적인 낙관주의나 기술 만능주의는 부정적인 측면을 극대화 시킬 수 있다. AI의 개발 원칙이나 활용 정책의 결정에서 다양한 분야의 의견과 입장을 고르게 반영하는 절차적 포용성도 반드시 실천되어야 한다. 특정 이해 관계자나 일부 집단에 치우치지 않고 모두가 함께 참여하는 공론의 문화와 숙의의 자세가 필요한 시대다.

## 참고문헌

서울연구원(2017). “서울형 포용도시 지표체계 개발과 서울시의 포용성".
앙리 르페브르(2024). 《도시에 대한 권리》. 곽나연 옮김. 이숲.
World Bank(2015). World Inclusive Cities Approach Paper.

06

# AI와 도시 회복력

도시의 재난과 재해가 급증한다. 그에 따른 사상자와 재산의 피해는 매년 최고치를 기록하고 있다. 위험이 일상화된 환경에서 본래의 상태를 유지하고 복원하는 능력은 지속 가능성과 직결된다.

AI와 민주주의?

## 도시 안전의 위협

최근 기후 변화, 도시 재난, 지정학적 위험, 안보 위협 등이 복합적인 형태로 발생하고 있다. 피해 규모 역시 전례 없이 확대되는 추세다. 2024년 전 세계 자연 재해로 인한 경제 피해액은 4170억 달러(약 600조 원)로 역대 최대치를 기록했으며, 최근 10년간의 평균 피해액 대비 27% 증가했다. 국내 자연 재해 피해액 역시 2012년 1.2조 원에서 2023년 4.4조 원으로 4배 가까이 증가하였고, 폭염 · 호우뿐 아니라 감염병 확산, 사회 기반 시설 마비 등 재난 비중이 꾸준히 확대되고 있다.

도시 위협의 빈도가 증가한 것과 별개로 이전에는 관찰되지 않던 비정형적 위기와 징후가 발생하는 것 역시 주요한 추세다. 서울연구원은 이를 두고 "블랙 스완(Black Swan) 타입의 재난을 촉발할 수 있다"고 경고했다. 예측 및 대응이 어려운 위기가 발생하는 것이다. 예를 들어 주요 기술의 오작동, 생활환경 내 미세 유해 물질 노출, 기후와 산업 재해의 결합, 지반 침하, 그리고 이러한 재해가 상호 연계되어 발생한다. 이러한 재난은 복구 기간이 장기화되어 2차적인 사회 문제를 야기하는 특징이 있다.

복합 위기의 현실은 위험의 상호 의존성이라는 현대

도시 사회의 구조를 반영한다. 기후, 기술, 경제, 안보, 사회 시스템 간의 연결성이 높아지면서 한 영역의 충격이 다른 분야로 연쇄 전이되는 현상이 심화된다. 지금까지 겪어 보지 못한 전이형 위기의 시대가 도래하고 있다.

## 위험과의 공존; Living with Risk

예측하기 어려운 재난의 급격한 증가에 도시의 대응 정책도 달라졌다. 재난 피해의 억제에 집중하던 기조에서 위험에 적응력을 높이는 방향의 중요성이 높아진 것이다. 예방 가능한 피해는 최소화하되, 불가항력적인 재난은 복구와 정상화에 집중하는 도시 회복력이 강조되기 시작했다.

UN은 2000년, 'Living with Risk'라는 이름으로 새로운 전략을 내걸었다. 재난의 피해가 자연 현상이 아니라 사회적 취약성과 개발 방식의 문제에서 기인한다는 사회적 인식이 확산되면서 재난을 일상 속에서 관리해야 할 위험(Risk)으로 재정의한 것이다. 각국 정부가 개발 정책 및 사업 계획에서 위험 관리(Risk Management)를 통합하여 추진하고, 재해 복원력을 향상할 수 있도록 지원해야 함을 강조했다. 이러한 움직임은 도시 재난의 패러다임을 저항(Resistance)에서 회복 · 복원(Resilience)

중심으로 전환하게 한 결정적 계기로 평가 받는다. 도시의 회복 탄력성에 대한 논의가 확대되었다.

회복 탄력성이란, 외부의 충격을 받은 이후에 본래의 상태로 되돌아가는 성질을 말한다. 나아가 더 안정된 상태를 이루는 능력이다. 예측 불가한 변화와 불확실성이 높아진 사회에서 외부 환경에 적응하고 지속적인 항상성을 유지하는 능력은 생존과 직결된다. 다양한 분야에서 회복 탄력성이 주목받는 이유다.

## 회복 탄력성을 보유한 도시

2020년, 코로나19 팬데믹의 확산으로 전 세계는 유례 없는 셧 다운(Shut-down)과 이동의 제한을 경험했다. 각국 정부는 공공시설과 민간 업소를 일시적으로 폐쇄하고 사회적 거리두기 조치를 시행했다. 이러한 조치는 바이러스 확산을 억제하는 데에는 일정 부분 기여했지만, 세계 경제 흐름 및 공급망에 충격을 입혔고 일상 서비스의 차질로 시민 삶의 질을 떨어뜨리는 결과를 초래했다.

이동권과 사회적 교류의 극단적인 제약은 위기의 근원을 해소하는 것과는 별개로, 위기 안에서 스스로 일상을 회복하는 방법을 강구하게 했다. 각자의 거주 공간 안에서 업무, 교육, 돌봄이 이뤄져야 했고, 도보로 이동 가능한 생활의 반경 내에서 의료, 생필품 조달, 공공 서비스 등을 제공받을 수 있어야 했다. 여행과 여가 활동의 전면 중단으로 일상 속에서 활용할 수 있는 녹지 공간의 중요성이 한층 높아졌다. 위기가 일상이 된 시점에서는 이를 회복하는 최소한의 반경을 확보하는 것이 시급한 문제였으며, 도시 공간의 재편에 관한 논의가 쏟아졌다.

출퇴근으로 인한 이동을 최소화하고, 근무지에서의 집단 감염 위험을 줄이기 위해 사무 공간을 분산하는 기업들이 생겨났다. 직주근접이 가능한 환경을 제공한 것이다. 이마저도 여의치 않을 경우에는 재택근무를 장려하고 가정에서 원활한 업무가 가능하도록 시스템을 마련했다. 화상 회의 서비스, 협업 플랫폼, 관련 통신 및 보안 시스템이 급속도로 발전했다.

학교 · 유치원 · 보육 시설이 기존의 역할을 수행하기 어려워지면서 교육과 돌봄의 부담이 가정으로 집중됐다. 온 시간을 집에서 보내야 하는 아이들의 활동 패턴은 급격히 달라졌다.

코로나19의 확산에 따른 아동의 야외 활동에 관한 연구에 따르면, 일부 학교 운동장, 놀이터 등이 폐쇄되면서 집 앞의 보도, 아파트 단지 공터, 주차장 등에서 놀이 활동이 늘어난 것으로 조사되었다. 또한 국가별 규제 수준과 정책 차이에 따라 어린이의 야외 활동 증감이 다르게 나타났다고 밝혔다. 특정 국가에서는 활동이 급감했고, 규제가 완화된 후에 다시 증가했다. 그러나 국가별 양상의 차이에도 불구하고 마당이 있는 집에서는 공통적으로 평소보다 야외 활동이 늘어난 것으로 조사되었다(Liu et al., 2022).

비공식 놀이 공간은 감염병, 재난, 분쟁 등의 위기 상황에서 대안적 장소로서 기능할 수 있다. 일상의 단절을 완화하고 야외 활동 및 커뮤니티 기능을 지원함으로써 아동의 사회적 · 정서적 안전망을 회복하는 데 기여하는 것이다. 팬데믹 이후 코펜하겐, 멜버른과 같은 도시에서는 이와 같은 놀이 경험을 반영하여 유연한 공공 공간 설계를 지향하고 주민 참여형 공간 관리 제도를 발전시키고 있다.

감염 확산에 대한 우려는 의료 · 보건과 같은 도시의 주요 기능을 커뮤니티 기반으로 전환하게 만들었다. 지역 내 보건소, 동네 약국, 임시 진료소가 공공 건강을 책임지는 핵심 단위로 작동했다. 상급 의료 기관을 대신하여 감염병에 1차적 대응을 수행하고 생활 보건 기능을 확대하기 위해 경기장, 전시관, 컨벤션 센터와 같은 대형 공공시설 및 열린 공간을 단 기간에 진료 시설로 개조하여 지역 거점으로 활용했다. 특히 우리나라에서 최초로 고안된 드라이브 스루(Drive-through) 진료소는 자동차를 통한 비접촉 검진을 위해 공공 공간을 획기적으로 활용한 사례로 꼽힌다. 질병관리청과 지자체는 감염 예방과 효율성을 동시에 달성할 수 있도록 접수-문진-채취-안내 단계를 기본으로 하는 표준화된 동선을 제시하였으며, 단방향의 교차 없는 모델을 설계했다. 공영 주차장, 학교 운동장 등 개방된 도시 공간을 활용하여 서비스를 제공하고, 검사 시간을 평균 10분 이하로 단축하여 의료진의 감염 및 2차 확산을 최소화할 수 있었다. 무엇보다 도시 내 공공장소가 신속 대응형 공공 의료 인프라로 전환 가능하다는 잠재력을 보여 주었다.

공공 공간의 유연한 전환과 활용은 위기 속에서 일상 회복에 중추적 역할을 한다. 코로나19 팬데믹은 세계적인 위기 상황에서 도시가 어떻게 일상을 회복하도록 작용하는지 보여 주었으며, 다가올 미래에는 회복 탄력성을 갖춘 도시가 필요하다는 사실을 일깨웠다. 위기의 상황에서는 생활 반경 내에서의 일상을 회복할 수 있는 능력이 요구되며, 혼란 속에서도 기본적인 기능이 작동해야 하는 것이다.

## 15분 도시(15-Minute City)

쉽게 이동 가능한 가까운 범위 안에서 거주, 업무, 교육, 그 밖의 생활 서비스와 같은 기초적인 사회적 기능을 제공하며 지역민이 자신이 필요로 하는 기능에 15분 내로 도달할 수 있는 접근성 높은 도시를 '15분 도시'라고 부른다. 도보나 자전거로 15분 거리의 반경 안에서 스스로의 삶의 질을 높이기 위해 요구되는 활동을 영위할 수 있는 도시다. 자동차 중심의 도시에서 인간 중심으로 공간의 패러다임을 바꾸고, 양적인 성장에서 질적인 가치를 추구하는 도시로 계획의 새로운 지향점을 제시한 개념이다. 국내에서는 무동력 이동 수단을 통한 탄소 저감이나 생활 반경 내의 서비스 편의 향상에 집중하여 다뤄진 경향이 있다. 그러나 팬데믹 이후, 외부 충격에 대한 회복 탄력성 측면에서 15분 도시가 가진 가능성에 주목하게 되었다.

Chaire-ETI(기업가 정신과 지역 혁신 연구소)는 "세계적 혼란을 가져온 보건 위기 때문에, 더욱 살기 좋고 지속 가능한 미래를 위해 사회는 무엇을 선택해야 하며 어떠한 도시 경제 구조가 필요한지, 우리는 더 폭넓은 관점에서 질문하지 않을 수 없게 되었다"며, 코로나19 위기로 인해 '15분 도시' 방식의 기능 전환 현상과 근거리 다핵 도시 구조의 역할에 대한 재발견을 설명한다. 도시 봉쇄에 따라 필수 소비 활동은 대부분 가까운 거리에서 이뤄졌고, 복잡한 대중교통의 대안을 마련하기 위해 자전거 도로가 신설되었으며, 지역마다 녹지 공간을 확대하는 움직임이 생겼다. 팬데믹 기간을 통해 도시 생활에서의 근접성이 부각된 것이다.

15분 도시 연구에서는 연구 대상의 개념을 명확히 규정하기 위해 데이터 정형화(ontology) 과정을 거쳐 그 속성을 정의하였으며 생활, 업무, 생활 서비스 공급, 번영, 교육, 의료로 구분되는 6가지 사회적 기능으로 전형화 과정을 구성하였다. 또한 15분 도시를 구축하기 위해서는 밀도, 근접성, 기능적 혼합, 편재성이라는 4대 요소가 필요하며, 이 실행 수단을 작동시키기 위한 정책 및 대응 방안의 수립을 강조한다(Chaire-ETI, 2022).

**밀도**

인구 밀도는 특정 지역의 단위 면적당 거주하는 인구수를 나타내는 지표다. 일반적으로 1㎢ 지역 내에 거주 인구를 기준으로 한다. 이는 근거리 도시를 결정하는 필수 요소이며, 충분한 인구가 거주한다는 것은 성장과 활력의 기반이 된다.

### 근접성

근접성은 일정 공간 범위 안에서 지역민이 필요로 하는 기능에 도달할 수 있는 가능성과 그 빠르기를 나타낸다. 근접성과 밀도는 상호 보완적 관계다. 도시에서 높은 밀도는 목적지까지의 평균 이동 거리를 줄여 근접성을 높이고, 높은 근접성은 보행과 대중교통 수요를 모아 밀도를 높이는 요인으로 작용한다.

### 기능적 혼합

일정한 공간 범위 내에 다양한 용도와 기능이 존재하는 것은 도시의 다양성에 중요한 부분이며, 이를 통해 근접성을 높이고 사회적 연결망을 강화할 수 있다. 15분 도시에서는 이러한 기능이 혼재되어 있을 뿐 아니라 특정 기능이 과도하게 특화되지 않고 각각이 고르게 역할하는 환경을 지향한다.

### 편재성

특정 기술이나 서비스가 고르게 퍼져 존재하는 것이 편재성(ubiquity)으로, 도시에서는 상하수도, 전기, 통신 등의 보급 및 이용성이 이에 해당한다. 도시 서비스의 편재성은 최소한의 삶의 질을 보장하는 기본 요소다. 디지털 기술은 도시의 편재성을 확대하는 데 주요한 역할을 하고 있다. 디지털 기술을 토대로 누구나 접근 가능한 공공 서비스의 구현이 가능하며, 물리적 접근이 제한되는 위기의 상황에서 적응과 회복에 기여할 수 있다.

## 도시의 회복 탄력성을 높이는 AI

딜로이트(Deloitte)의 보고서에 따르면, "AI는 도시가 환경, 공급망 리스트, 지정학적 · 사회 경제적 혼란 등에 더욱 잘 대응 및 회복하도록 지원"하는 회복 탄력성(Resilience) 강화 역할을 하며, AI를 효과적으로 활용하는 도시가 위기 대응과 회복력에 더 우수하다고 밝혔다.

재난 · 재해 발생에 예측-대응-복구-회복-전환하는 전 단계에서 AI는 신속한 의사 결정을 지원하며 효과적인 대응을 가능하게 한다. 단순한 조정 도구로서가 아니라 도시의 인지적 면역 체계로 기능하는 것이 AI에 의해 증강된 회복 탄력성의 본질이다.

위기 이후에도 AI는 도시의 복원과 회복 단계를 학습하며 스스로의 기능을 향상시킬 수 있다. 피해 지역의 복구 비용 예측, 에너지 소비 모니터링, 취약 계층 보호 정책 설계 등 반복적인 학습 또는 강화 과정을 통해 도시의 취약점을 체계적으로 파악하고 이에 대한 향상된 대응을 돕는다.

### 도시 회복 탄력성의 기준을 제시하는 AI

도시 계획 영역에서 도시의 지속 가능성 및 회복 탄력성을 어떻게 측정하고 평가할 것인가는 항상 어려운 문제다. 특히 예측할 수 없는 위기 상황이 급증하는 현재와 같은 시대에는 다루어야 할 위험의 차원과 범위가 지속적으로 업데이트되어야 한다. 아직 일어나지 않은 위험에 관한 내용도 포함되어야 한다. 도시 계획 상에서 회복 탄력성의 다면적인 특성을 포착하고 관리하기 위한 지표가 중요한 역할을 한다.

AI는 도시 회복력 프레임워크에 대한 지표를 생성하는 도구로 활용 가능하다. 대규모 도시 데이터를 AI 기반의 토픽 모델링 및 딥러닝 분류 알고리즘으로 분석하여 일반적인 지표보다 광범위하고 측정 가능한 지표 체계를 만들 수 있다. 이는 전문가 평가나 설문과 같은 기존의 전통적인 방식과 달리 도시 데이터에서 패턴 및 상관관계를 도출하고 개별 도시의 특수성을 반영한다. 비선형 관계 및 은닉된 요소도 함께 다룰 수 있기 때문에 동적 대응 시나리오에 적용 가능하다. 또한 자동 측정 및 실시간 업데이트도 용이하여 도시 변화나 위기 상황에서 지표를 빠르게 조정할 수 있다(Lopez-Catalan et al. 2025).

### 도시 기반 시설을 관리하는 AI

도로, 철도, 상하수도, 에너지 공급망과 같은 도시의 기반 시설을 유지 · 운영하는 데에는 많은 비용과 인력 소모가 따른다. 그리고 위기 상황에 이러한 기반 시설이 손상되어 작동하지 않게 되면 피해를 복구하고 정상화하는 과정에 더 큰 어려움을 겪게 된다. 도시 기반 시설은 위험에 대비하여 특별히 관리되어야 할 대상이자, 이러한 상황에 도시의 회복 탄력성을 좌우하는 요소다.

AI를 통해 도시 기반 시설을 관리하는 것은 운영 효율성을 높이고 회복 탄력성을 강화한다. 구조적 결함, 노후, 고장 등을 조기에 파악하고 경고하는 역할을 통해 문제에 빠르게 대처할 수 있다. 또한 기후, 교통 상황, 에너지 수요 등의 다양한 영향 요소를 분석하여 최적의 자원 배분과 운영 방식이 무엇인지 도출할 수 있다. 이에 대해 자율적으로 대응 시나리오를 수립하고 운영을 자동화하는 것도 가능하다.

### 도시의 위기를 예측하고 대응하는 AI

AI는 충격과 이상 상황에 대한 사후 조치에서 예방적 도시 계획으로 방향을 전환하는 데 핵심적인 역할을 한다. 발생 가능한 위기를 예측하고 사전 대응력을 높이는 것은 도시의 회복 탄력성을 향상시킨다.

AI는 도시 내에서 수집되는 IoT 센서, 위성 이미지, 기상 데이터, 교통 및 공공 서비스 모니터링 등 다양한 데이터를 실시간으로 분석하여 이상 패턴 및 잠재적 위험 신호를 탐지한다. 각각의 위험 요소를 통합적으로 학습하여 복합 위협에 대응 가능한 모델을 구축하고 확산 패턴이나 시기를 추론한다. 이를 토대로 도출된 위기 상황의 시나리오를 통해 사전 대책 수립 및 정책 결정에 도움을 줄 수 있다. AI 기반의 도시 관리는 위기 상황에 따라 자원을 배분하고 연계된 시스템에 필요한 조치를 취하며, 복구 과정에서 최적의 대응 방법을 제시한다. 위기 상황이 종료된 이후에는 추론-반응-실상황에 대한 피드백으로 모델을 개선할 수 있다. 이와 같은 반복적 학습은 도시별 위기 예측과 적응 역량을 점진적으로 강화한다.

### 시민의 안전을 책임지는 AI

도시 회복 탄력성 제고의 궁극적인 목적은 시민의 안전과 인류의 안녕이다. 위기 상황에 효과적으로 대처하기 위해서는 시민들이 사전에 이를 인지하고 대비할 수 있도록 유도해야 하며, 신속한 실행을 위한 협조와 협력이 요구된다.

AI는 시민 개개인의 위치, 행동 패턴, 실시간 현장 상황 등을 바탕으로 맞춤형 정보 제공이 가능하다. 위험 상황을 빠르게 안내하고 대응 방법을 제시하여 위험을 최소화하도록 돕는다. 지능형 자동 이상 감지 시스템으로 위험에 처한 개인을 탐지하고 빠르게 현장 대응으로 연결하는 서비스도 가능하다.

시민과의 협업으로 안전한 환경을 만드는 것은 회복탄력성에 실질적으로 기여할 수 있다. AI 서비스 및 플랫폼을 활용하여 시민들이 직접 안전을 점검하고 현황을 공유하면 디지털 사각 지대를 해소하고 현장 상황을 더 면밀히 파악할 수 있다. 이때 AI 챗봇, 음성 안내, 비정형 데이터 분석과 같은 기능이 시민의 편의성을 높여 적극적인 참여로 이어지게 한다.

## AI와 도시 회복력의 과제

생사를 가르는 위기의 상황에서 AI의 판단과 대응책을 어느 정도 따를 것인가는 AI 기반의 도시 관리, 특히 위기 상황 관리에서 간과할 수 없는 문제다. 이는 재난·재해가 도시에 미치는 영향력을 좌우할 수 있으며, 2차적 피해 여부를 결정한다. 신뢰할 수 있는 AI에 관한 문제다. 그리고 기술에 대한 시민 수용성과도 연결된다. 아무리 성능이 뛰어난 도시 AI 시스템을 구축한다 하더라도 시민이 이를 믿고 수용하지 않는다면 위기 상황에서 작동할 수 없다. 따라서 AI의 신뢰성과 투명성을 확보하고 사용자의 이해와 수용력을 향상하기 위한 노력이 병행되어야 한다.

### 참고문헌


국토연구원(2014). "지속가능한 발전을 위한 지역 회복력 진단과 활용 방안 연구".

윤동근·조성윤2019). "[특집] 제5차 국토종합계획에 바란다6: 안전하고 회복력 있는 국토 만들기". 《국토》, 447, 33~37쪽. 국토연구원.

인천연구원(2020). "도시회복력 증진을 통한 인천 안전도시 구축". 《이슈브리프》, 5.

한국환경연구원(2021). "도시회복력 평가지표의 개발과 정책적 활용방안". 《환경포럼》, 260.

Chaire-ETI(2022). "15분 도시 백서". 《창조적 도시재생 시리즈》, 110. https://ubin.krihs.re.kr/ubin/ad/bookUnity/selectBookUnityInfo.do?bookSn=32584&mi=1024&bookType=ONEVLM

Deloitte(2025). "AI 기반 스마트 도시의 현황과 미래". 인사이트 리포트. https://www.deloitte.com/content/dam/assets-zone1/kr/k

o/docs/industries/government-public-services/2025/ai-cities-r.pdf

IEREK(2025). AI-Driven Smart Cities: Building Resilient and Sustainable Futures. IEREK. https://www.ierek.com/news/ai-driven-smart-cities-building-resilient-and-sustainable-futures

Liu, J. et al.(2022). Impacts of COVID-19 Restrictions on Young Children's Outdoor Activity: A Systematic Review. Children. 9(10).

Lopez-Catalan, B. et al.(2025). Artificial Intelligence for Extracting Key City Resilience Indicators: An Application to the Smart Mature Resilience Framework. *Journal of the American Planning Association, 91*(4), pp.537~554.

Microsoft Corporation(2025). How cities build resilient infrastructure with trusted AI. Microsoft News Center. https://www.microsoft.com/en-us/industry/blog/government/2025/10/28/how-cities-build-resilient-infrastructure-with-trusted-ai

Peng, Y(2025). Integrated AI for Multi-Hazard Urban Resilience. *International Journal of Infrastructure Engineering and Construction Management, 4*(1), pp.70~77.

## 07
# AI와 도시 활력

도시는 사람과 그들의 삶을 통해 활력을 갖는다.
도시의 활력은 살기 좋은 곳을 나타내는 지표다.
활력을 잃은 도시는 지속될 수 없다.

AI와 애니메이션?

## 도시의 활력

도시 공간이 다양한 활동을 위해 사람을 끌어당기며 하루 중 여러 시간대에 걸쳐 활기와 생동감을 느낄 수 있는 상태 또는 그 정도를 도시 활력(Urban Vitality)이라 말한다. 도시 활력은 다양한 측면에서 다뤄지고 목적에 따라 측정의 기준과 지표에도 차이를 보인다. 도시 활력은 단일한 수치가 아니라 도시의 경제적 성장, 사회적 교류, 공간 구조, 환경적 쾌적함, 문화적 창조성 등이 복합적으로 결합된 개념이다.

경기연구원에서는 도시 활력의 개념을 두 가지 차원으로 나누어 정의했다. 첫째는 사회적 차원으로, "사회적 차원의 도시 활력이란 특정 도시 공간 내에서 도시민들의 활동으로 인해 유발되는 북적거림을 의미한다"고 서술하고, 이를 나타내는 지표로 거주 인구와 유동 인구를 이용했다. 둘째는 경제적 차원으로, "공급과 수요가 경제 활동으로 나타나는 것이 생산과 소비"라고 설명하며 이를 분석하기 위한 지표로는 사업체 종사자수, 카드 결제 이용 내역을 사용했다.

국토연구원의 연구에서는 도시의 활력을 경제 · 문화 · 정치 · 사회적 측면으로 구분하였으며 "경제적 활력을 위해서는 일자리 공간이 필요하고, 문화적 활력을 위해서는 문화 · 여가 공간이 필요하고, 정치 · 사회적 활력을 위해서는 공동체 공간이 확보되어야 함"을 명시했다.

## 도시의 죽음과 삶

제인 제이콥스(Jane Jacobs)는 저서 《미국 대도시의 죽음과 삶(The Death and Life of Great American Cities)》에서 도시의 진정한 활력에 대해 이야기한다. 혼합된 용도(Mixed Uses), 작고 촘촘한 블록, 오래된 건물과의 공존, 밀도 있는 공간의 중요성을 설명하고, 그것들이 작동하는 원리에 대해 설명한다. 이 책은 획일적인 도시 개발을 비판하고, 사람이 중심이 되어 도시의 다양성과 활력을 회복하도록 이끌었다. 이 책에서 다루는 도시 계획 및 설계적 논의는 지금까지도 학계와 업계에 영향을 줄 만큼 중요한 논점을 포괄한다. 다만 여기서는 제인 제이콥스가 포착한 일상적이고 사소한 거리의 모습을 통해 정의하기 어려운 도시 활력의 실체에 대해 생각해 보고자 한다.

### 활력 있는 도시의 모습

"다른 어디나 도시 거리의 풍경은 비슷하다. 활기 넘치는 거리에는 언제나 거리를 이용하는 사람들과 구경만 하는 사람들이 모두 있다."

"처음에는 동네를 벗어나는 이들이, 그 다음에는 동네로 돌아오는 이들이. 몇몇 노동자들은 공원에서 하릴없이 어슬렁거린다. 그때부터 저녁까지 공원은 데이트를 하러 온 젊은이들로 북적인다. 일부는 근처에 외식을 하러 온 이들이고, 일부는 인근에 사는 이들이며, 또 일부는 활기찬 곳에서 한가로운 시간을 보내려고 온 것처럼 보이는 이들이다. 하루 종일 시간이 남는 노인들과 가난한 사람들, 정체를 알 수 없는 다양한 유형의 게으름뱅이들이 드문드문 공원을 찾아든다."

**도시 공간의 구역별 활력**

도시 공간은 용도와 특성에 따라 지역/구역으로 나뉜다. 제이콥스는 구역별로 서로 다른 도시 활력의 모습에 관해 자세히 서술한다.

"공원에서 소규모의 이용 중심지들이 생겨나는 것과 마찬가지로 활기차고 다양한 지구(District)에서는 이용 중심지가 자라나며, 이런 중심지에 그 장소와 나아가 지구를 어느 정도 상징적으로 대표하게 되는 랜드마크(Landmark)까지 포함된다면 그곳은 지구의 일체화에서 특히 중요해진다. 그러나 중심지 혼자서 지구 일체화의 책임을 질 수는 없다. 각기 다른 상업 및 문화 시설과 다른 모습의 풍경이 보여야 하는 것이다."

"또한 각각의 지구는 서로를 똑같이 복제할 수도 없다. 지구마다 무척 다르고 또 달라야만 한다. 도시는 소읍들이 반복되는 곳이 아니다. 흥미로운 지구는 자기만의 특징과 특색을 갖고 있다. 이런 지구는 외부로부터 이용자들을 끌어들이며(그렇지 못한다면 진정으로 도시적인 경제적 다양성을 갖지 못한 곳이다), 그곳 사람들은 밖으로 나간다."

"활기찬 도시 지구에서는 주인과 점원 둘뿐인 철물점, 약방, 과자 가게, 술집 같은 일반적이지만 작은 가게들조차 이례적인 수가 광범위하게 번창할 수 있고 실제로 번창한다. 들르기 편하게 가까이에 여럿이 있어도 유지가 될 정도로 충분히 많은 사람들이 이 가게들을 이용하고, 또 반대로 이런 편리함과 동네의 인간적인 특질이 이런 가게들이 거래하는 물건의 큰 부분을 차지하기 때문이다. 가까이에 여러 가게가 유지되지 못할 경우에 이내 이런 장점을 잃게 된다. 주어진 지리적 범위 내에서 사람이 반으로 줄어들면 가게 수를 절반으로 줄여도 가게 간 거리가 넓어져서 유지가 되지 않을 것이다. 거리상의 불편함이 생기면 소규모와 다양성과 인간적 특성 등의 장점이 사라져 버리는 것이다."

**도시의 아이들과 활력**

제이콥스는 아이들의 활동에 초점을 맞추어 도시 공간의 수준에 대해 이야기한다. 활력 있는 도시 공간은 아이들에게 친화적이며, 아이들이 뛰어 놀기에 불편함이 없는 곳은 모두에게 친화적이다.

"도시의 아이들에게는 뛰어 놀고 배울 수 있는 다양한 장소가 필요하다. 아이들에게는 다른 무엇보다도 온갖 종류의 스포츠와 운동과 신체 기술을 익힐 수 있는 기회가 필요하다 – 대부분의 경우에 지금 누리고 있는 것보다 더 쉽게 접할 수 있는 더 많은 기회가, 그러나 이와 동시에, 근거지로 삼아 놀고 주변에서 어슬렁거리면서 세계에 대한 관념을 형성하는데 도움을 받을 수 있는 야외의 일반적인 장소도 필요하다. 보도가 제공하는 것은 바로 이런 형태의 특화되지 않은 놀이다 – 그리고 도시의 활기찬 보도는 여기에 훌륭하게 이바지한다."

"일부 도시 보도는 분명 아이들을 키우기에 나쁜 곳이다. 이런 곳은 어느 누구에게나 나쁘다. 이런 동네에서는 도시 거리의 안전과 활기와 안정성을 강화하는 특성과 시설을 장려할 필요가 있다. 이것은 간단한 문제가 아니며, 도시 계획의 중심적인 문제다. 결함이 있는 도시 동네에서 아이들을 공원과 놀이터로 내모는 것은 거리 문제의 해법으로서나 어린이 문제의 해법으로서나 소용이 없을 뿐만 아니라 해롭다."

**활력이 사라진 예**

도시 내 모든 공간이 활력을 지닌 것은 아니다. 활력이 사라진 도시는 어떨까? 제이콥스는 책을 통해 이렇게 이야기한다.

"어떤 형태로든 간에 주변 환경의 기능적 단조로움에 묶여 있는 일반적인 근린공원은 불가피하게 하루의 중요한 일정 시간에 공백 지대가 된다. 그리고 바로 여기서 악순환이 시작된다. 설령 다양한 형태의 황폐화로부터 이 공백을 지켜낸다 하더라도 제한된 수의 잠재적인 이용자들이 공백 지대를 선뜻 찾아오기는 쉽지 않다. 공백 지대는 사람들을 끔찍하게 지루하게 만든다. 정체 상태는 지루하기 때문이다. 도시에서 활기와 다양성은 더 많은 활기를 끌어당기며, 무기력과 단조로움은 활력을 몰아낸다. 이러한 사실은 도시가 사회적으로 움직이는 방식뿐만 아니라 경제적으로 움직이는 방식에도 중요한 원리다."

### 도시의 활력과 오래된 건물

깨끗하게 새로 지은 건물만 존재하는 도시와 다양한 연령의 건물이 혼재된 도시는 그곳에 살고 그곳을 영위하는 사람들의 차이를 만든다. 제이콥스는 도시의 활력을 위해 오래된 건물이 필요한 이유를 설명한다.

"도시에는 반드시 오래된 건물들이 있어야 한다. 오래된 건물이 없다면 아마도 활기찬 거리는 물론이고 지구의 성장도 불가능할 것이다. 여기서 오래된 건물이라 함은 박물관급의 건물, 즉 많은 돈을 들여서 복원한 훌륭한 건물이 아니라—물론 이런 건물들도 좋은 구성 요소가 되기는 한다—낡아 빠진 노후한 건물까지 포함한 평범하고 흔한 별 가치 없는 건물들을 의미한다."

"도시의 신축 비용을 감당할 수 있는 업체들조차 가까운 곳에 오래된 건축물이 있어야 한다. 그렇지 않으면 경제적으로 지나치게 제한된 획일적인 환경의 일부분이 되어 버린다—따라서 기능적으로 너무 제한되어서 활기차고 흥미롭고 편리한 곳이 되지 못한다. 도시에서 다양성이 꽃을 피우는 곳은 높은 수익을 내는 업체와 중간 정도 수익을 내는 업체, 아예 수익을 내지 못하는 업체 등이 한데 뒤섞여 있는 곳이다. 오래된 건물이 도시 지구나 거리에 미치는 유일한 해악은 결국은 그것이 오래되었다는 점 말고는 아무것도 없다—오래돼서 노후해지는 모든 것이 갖는 해악 말이다."

"신축 건물에는 우리 같은 사람들이 비집고 들어갈 자리가 없다. 그리고 우리 역시 굳이 신축 건물에 들어갈 필요가 없다. 우리뿐만 아니라 많은 사람들에게 필요한 것은 활기찬 지구에 있는 오래된 건물이며, 우리는 이 지구를 더욱 활기차게 만들 수 있다."

## 지역마다 고유한 정체성의 보유

우리의 기억에 오랫동안 간직되고, 거리 곳곳에 생기가 넘치는 도시는 다른 지역과는 구분되는 고유한 특징을 가지고 있다. 흔히 경험할 수 없고, 쉽게 따라할 수 없는 그 도시만의 정체성이다.

도시는 단순히 건물과 거리의 집합이 아니다. 시간과 인간의 경험이 켜켜이 쌓여 땅 속에 기억을 남기는 살아있는 유기체다. 건물과 거리, 사람들, 사건들은 모두 이

기억 속에 저장되어 도시만의 고유한 정체성을 형성한다. 이 기억은 도시의 정신을 뿌리내리게 하여, 그 물리적 구성 요소들의 단순한 합을 훨씬 넘어서는 생명을 부여한다(Mumford, 1961).

도시의 정체성은 역사적 기억과 문화적 특성이 어우러져 형성된 산물로, 그곳에서 살아가는 사람들의 삶이 녹아 현재 진행형으로 쌓여 나갈 때 생동감 있게 전해진다. 과거와 현재가 도시 공간 안에서 조화롭게 공존할 때 진정한 의미의 활력이 창출된다. 따라서 도시의 활력을 보존하고 나아가 확산하고자 할 때에는 물리적 요소만을 계획하는 것이 아니라 이러한 맥락과 특성을 함께 고려해야 한다. 지역마다 지니고 있는 기억이 다르고, 그곳 사람들의 문화가 다르기 때문이다.

교통과 통신의 비약적인 발전으로 국가 간 교류가 증가하면서 도시 공간에도 세계화의 영향이 뚜렷하게 나타나고 있다. 국제적 표준과 획일화된 건축 양식이 확산되면서 세계 어디에서나 쉽게 찾아볼 수 있는 유사한 풍경이 확산됐다. 이러한 개발은 도시의 고유한 역사와 문화, 지역적 특성을 무시하기 일쑤다. 각 도시가 가진 특수한 기억과 장소성과 같은 맥락은 고려되지 않는다. 개발로 인해 관광 · 문화 · 지역 경제의 다양성과 차별화된 경쟁력이 오히려 약화될 수 있다. 다른 곳과는 구별되는 이 장소만의 고유한 특성, 장소성(sense of place)의 상실로 이어지는 것이다.

## 장소에 대한 애착

2002년 한일 월드컵이 열리던 당시, 광화문 광장은 거리 응원의 중심이었다. 한국 대표팀의 경기가 있는 날에는 수백만 명에 달하는 시민들이 이 일대로 몰려나와 거리를 온통 붉게 메웠다. 길 위에서 낯선 이들과 함께 소리를 지르며 응원을 하던 이날의 경험은 시간이 꽤나 지난 후에도 장소와 함께 기억된다. 이후 광화문 광장은 촛불 집회와 같은 다양한 사회 문화적 행사에서도 중심적인 장소로 역할하고 있다. 누군가에게 이 광장은 서로 다른 시간의 기억과 감정들을 연결하는 매개체다.

이처럼 어떤 장소는 우리에게 강한 의미로 남는다. 특정 장소에 대한 개인이나 집단이 느끼는 감정적인 유대는 그곳에서의 경험, 사회적 관계, 문화적 맥락 등이 복합적으로 작용하여 형성된다. 때로는 장소의 온도, 냄새, 소리와 같은 감각적 경험과 깊이 연결되고, 때로는 매일 마주하는 반복되는 익숙한 장면으로 각인된다.

장소에 대한 애착은 도시의 활력을 지속 가능하게 만

드는 정서 중 하나다. 그리고 이러한 애착은 장소를 공유하는 사람들과 함께 하는 활동으로 강화될 수 있다.

## 활성화된 지역 커뮤니티

지역 커뮤니티는 생활 반경 내 교류의 핵심이자, 변화를 만드는 역할을 한다. 주민 간 신뢰와 연대는 지역에 대한 관심을 높이고, 공동의 문제를 해결하여 더 나은 환경을 만들고자 하는 동기를 제공하며 참여를 독려한다. 이는 지역의 활력을 높이는 구심점으로 작용한다.

지역의 안전을 위해 주민들이 직접 순찰을 돌거나 위험한 상황에 도움을 청할 수 있는 안전망을 조성하는 커뮤니티 활동은 범죄와 사고를 예방하는 데 직접적인 도움을 줄 수 있는 한편, 우리 동네가 안전하다는 심리적 안정감을 형성하는 데에 의의가 있다. 또한 가까운 이웃끼리 함께 육아 공동체를 만들고 가정에서 필요로 하는 돌봄과 교육의 역할을 지원하는 것은 안심하고 일과 생활을 영위할 수 있도록 돕는다. 이웃 간에 일상적인 문제를 서로 나누며 해소할 때 지역 커뮤니티의 연결망은 더욱 강화된다.

주민이 주체가 되어 거리를 가꾸고, 장소를 만드는 일은 살고 싶은 동네를 조성하는 직접적인 활동이다. 깨끗하고 쾌적한 생활환경은 일상의 만족감을 높일 뿐 아니라, 스스로의 실천과 기여가 동네 전체의 변화를 만든다는 성취감으로 이어질 수 있다. 그리고 이러한 활동은 외부 사람들에게도 지역의 활력으로 다가온다. 다시 찾고 싶은 곳으로 기억하게 하는 것이다.

최근에는 협동조합, 사회적 기업과 같은 형태로 주민이 함께 경제적 주체로 활동하는 경우도 많다. 대부분 이윤 추구가 유일한 목적이 아니라 지역 문제 해결, 복리 증진과 같은 공동의 가치를 추구한다. 지역에서 생산되는 농산물의 판매를 촉진하거나, 지역 일자리를 만들고, 소외 계층을 돕는 서비스를 제공하면서 수익을 창출하는 것이다. 이 수익은 주민 생활의 기반이 되고 지역에 재투자되어 커뮤니티를 더 공고하게 만드는 역할을 한다. 지역에 활력을 불어넣는 실질적인 원동력이 된다.

## 도시의 활력을 높이는 AI

주민 중심의 조직과 커뮤니티는 일반 기업에 비해 전문성이나 경쟁력이 낮은 것이 현실이다. 또한 일손이 부족하고 여력이 없어도 자원을 투입하기 어려운 상황이 많다. 이러한 한계를 디지털 기술과 AI로 보완하는 사례가 늘고 있다.

서울시에서는 '안심이 앱'을 통해 지역 주민이 직접 노상 취객, 골목길 위험, 쓰레기 방치 등 다양한 위험 상황을 실시간으로 기록하면, AI가 이를 분석하여 자동 경보 시스템으로 연결하는 서비스를 제공한다. 위험 빈도와 유형별 취약 지점을 분석하여 근원적인 문제 원인을 파악하고 향후 사고를 예방하는 데에도 활용한다. 민·관·주민이 협동하여 즉각적으로 공조 대응에 나서는 데이터 기반 스마트 안전망을 구현한 사례다.

경기도에서는 AI 말벗 로봇을 활용해 고령자와 사회적 취약 계층의 심리적 고립을 해소하고, 건강관리 및 긴급 상황 대응을 지원하는 디지털 돌봄 시스템을 구축했다. 이는 사회적 기업·복지 커뮤니티의 현장 활동에 직접 결합되며, 돌봄의 질과 범위를 확장하는 효과가 있다.

일부 지역에서는 AI 기반의 자원 순환 앱, 환경 센서 네트워크 등을 활용해 쓰레기 배출·분리수거 패턴을 분석하며 공유 경제와 친환경 경영을 실현하고 있다. 시민의 실천이 데이터로 집계되어 환경 미화나 장소 만들기 활동의 효율성과 지속성을 높이는 역할에도 기여한다.

### 참고문헌

김명수(2017). "도시활력 증진을 위한 국공유지의 체계적 활용방안

연구". 국토연구원.
김영롱(2020). "빅데이터를 활용한 도시활력 측정과 도시공간 유형 분류". 경기연구원.
Jacobs, J.(1961). *The Death and Life of Great American Cities.* Random House. 유강은 옮김(2010). 《미국 대도시의 죽음과 삶》. 그린비.
Mumford, L.(1961). *The City in History: Its origins, its transformations, and its prospects.* Harcourt, Brace & World.

# 08
# AI와 도심 거점 산업

도시에 집적된 산업과 일자리의 기회는 사람들을 끌어당긴다. 도심 거점 산업은 성장과 발전에 중추적인 기능을 해 왔다. AI 기반의 산업 변화는 도시 공간의 구조와 기능에도 변화를 가져오고 있다.

AI와 인재 채용?

## 도시를 움직이는 힘, 산업

끊임없이 변화하는 도시의 생태계에는 사람들을 끌어당기는 여러 기회가 존재하지만 다양한 일자리는 무엇보다 도시로의 이동을 촉진하는 강력한 힘을 발휘한다. 도시가 제공하는 일자리의 밀도와 질은 인재가 찾아오도록 만들고 이는 또 다른 산업이 집적되도록 유도한다. 협업과 네트워킹의 풍부한 가능성은 이러한 순환 구조를 강화하고, 개개인의 성장을 뒷받침하는 긍정적 요소로 작동한다.

또한 도시의 일상은 그 자체로 경제 활동과 연결된다. 매일 출근길에 들르는 카페, 점심시간에 자주 가는 식당, 퇴근길 동네 마켓에서 장보기, 늦은 저녁의 배달 주문은 수많은 물류 · 유통 · 소상공 · 서비스의 촘촘한 연쇄 과정으로 이루어진다. 그리고 이러한 일상 경제는 보이지 않는 기반 시설과 공공 시스템이 있기에 효율적으로 운영된다. 제품과 서비스를 제공하는 입장에서는 시간과 자원을 줄일 수 있고, 소비자는 예측 가능성과 신뢰를 높일 수 있다.

각자의 일상생활은 경제 활동의 중심이 되고, 교육 · 의료 · 운송 · 문화 · 금융과 같은 다양한 서비스업이 이를 뒷받침하며 성장한다. 서로의 수요를 주고받는 과정에 필요한 다양한 산업이 발달하고, 일상의 편리함을 제공한다. 일자리를 통해 얻은 소득은 식료품점, 카페, 병원, 문화 시설 등 도시 곳곳으로 흘러들어 일상의 소비와 활동을 만들고, 이는 다시 누군가의 일자리가 지속되게 한다. 산업은 도시가 작동하게 만드는 근간이며 그곳에 머무는 사람들, 기업, 그리고 주변 환경까지 지속적으로 성장하게 촉진하는 원동력이다.

## 도심 거점 산업

인간의 생활과 관련하여 재화 또는 서비스를 제공하는 경제 활동 중에서도 도심에 집적된 산업 클러스터, 기업의 집적지를 도심 거점 산업으로 구분할 수 있다. 이러한 도심 거점 산업은 도시의 부흥에 파급력이 크며 핵심 성장 동력으로 작용하는 경우가 많다.

미국 동북부 지역에 위치한 도시 디트로이트(Detroit)는 20세기 초반 자동차 산업의 세계적인 중심지였다. 미국 자동차 업계의 핵심인 포드(Ford), 제너럴 모터스(General Motors), 크라이슬러(Chrysler)의 공장을 중심으로 도시가 급격히 성장했다. 이 공장에서 생산된 제품이 당시 미국 자동차 판매량의 90% 가량을 차지했다. 일자리를 찾으려는 사람들이 디트로이트로 이주해 왔다.

그러나 20세기 중반으로 접어들며 일부 자동차 업체가 비용 절감을 목적으로 주변 도시로 빠져나가고, 인종 갈등으로 인한 대규모 폭동이 일어나면서 지역 내 갈등이 심화되었다. 여기에 1970년대 발생한 오일 쇼크는 미국 자동차 산업의 쇠퇴를 가속화했다. 도심 산업의 경쟁력 약화, 구조 조정, 대량 실업은 도시 재정의 악화로 이어졌고 도시 전체의 쇠퇴에 직접적인 원인이 되었다. 공공 서비스 약화와 인구 유출의 악순환이 반복되면서 슬럼가가 확산되고 사건 · 사고가 급증했다. 한때 미국에서 가장 부유했던 도시가 범죄율이 가장 높은 도시로 전락하게 되었다.

21세기에 들어서면서 디트로이트는 다시 한번 변화를 맞는다. 전통적인 자동차 제조업의 기반을 토대로 전기차, 자율주행과 같은 미래 모빌리티 산업을 육성하기 위해 R&D 역량을 높이고 혁신 센터를 도심에 배치했다. 첨단 기술과 IT 기반의 새로운 산업 생태계를 조성하기 위한 투자도 아끼지 않았다. 대학, 연구기관, 스타트업 간의 협력과 네트워킹이 활발해지면서 젊은 인재들이 기회를 찾아 유입되기 시작했다. 쇠퇴한 지역의 낡은 공장과 창고는 문화 예술 프로그램의 핵심 기지가 되어 새로운 공간으로 재탄생했다. 창의적이고 융합적인 재생의 움직임이 곳곳에 늘어나면서 도시 전체가 활력이 넘치는 장소로 바뀌었다.

미국 디트로이트는 산업의 흥망이 도시 전체의 흥망으로 이어진 대표적 사례다. 이처럼 도심 거점 산업은 도시 전체에 영향력을 미치며 일자리 창출, 인구 변화, 지역 경제 활성화, 안전과 치안까지 직접적으로 연관된다.

## 서울의 산업

서울은 모든 것이 한데 뒤섞인 복합체의 절정이라고 할 만한 도시다. 산업에서는 더욱 극명한 집중을 보인다. 국내에서 활동하는 주요 기업 본사의 약 80%가 서울에 위치하고, 신규 취업의 70%가량이 서울에서 일어난다. 청년 인구의 서울 이동은 어쩌면 당연한 흐름이다. 일자리와 기회가 극도로 밀집되어 있기 때문이다.

서울연구원의 '서울시 도심 거점 산업 구조 고도화 방안' 연구에서는 "도시의 산업 구조는 도시가 성장함에 따라 변화한다. 그 과정에서 다양한 요인이 복합적으로 작용해 산업을 형성한다. 서울도 산업화와 고도 성장기를 거치면서 다양한 산업이 도심에서 발생해 성장해 왔다"고 서술한다. 그리고 동종 또는 유사 산업이 한 장소에 집중하여 얻어지는 외부 효과가 있음을 설명하는데, "첫째, 원자재나 부품을 공급받을 때, 공통의 공급원을 공유하거나 공동으로 구매함으로써 비용 절감을 이끌어낼 수 있다. 둘째, 특정 지역에 집적된 기업들은 공통의 고객 시장에 접근하기 용이해 시장 점유율을 높일 수 있다. 셋째, 유사한 기업들이 모여 있으면 노동력과 기술 인력을 공유하고 인력을 효과적으로 활용할 수 있다. 넷째, 비슷한 종류의 기업들은 지식과 경험을 공유하며 혁신과 문제 해결에 서로 도움을 줄 수 있다. 다섯째, 기업들은 협력 프로젝트, 연구 및 개발 활동을 통해 서로 혜택을 얻을 수 있다." 이는 도시의 이점과도 일맥상통한다.

서울의 산업 특징은 크게 두 축으로 나누어 살펴볼 수 있다. 하나는 금융, 정보 통신, 미디어 등으로 분류되는 지식 기반의 첨단 산업이고, 다른 하나는 전통적으로 서울 도심에 집적해 온 제조, 유통, 도소매와 같은 특화 산업이다.

서울시는 '역사 도심 기본 계획' 보고서를 통해 도심형 산업을 "도심부 특화 산업 중에서도 산업 및 도시 정책적으로 의미가 큰 특화 산업"으로 정의하고, 서울시의 도심형 산업은 오랜 시간 동안 형성되어 도심부 전체 산업의 한 축을 담당하고 있으며 특히 인쇄, 의류 · 봉제, 귀금속 산업의 입지가 두드러진다고 밝혔다.

세계적인 경쟁력을 기반으로 고부가 가치를 창출하며 수출과 투자를 견인하는 산업과 오래 전부터 도심에 형성된 전통적 산업 생태계를 기반으로 일상의 수요를 담당하는 산업이 공존하는 곳이 서울이다. 시대의 변화에 따라 그 규모와 형태는 조금씩 달라졌지만 여전히 서로 영향을 주고받으며 서울의 다양성을 이루는 데에 주요한 역할을 하고 있다.

## 산업의 변화

기술의 발전과 혁신은 산업 고도화로 이어졌고 점차 고차 산업 중심으로 경제 발전이 이루어졌다. 도심을 채우던 기존 공장과 생산 설비, 창고들은 땅값이 저렴한 외곽으로 밀려나고 그 자리를 금융, 정보 통신, 전문 서비스 업종들이 채우게 된다. 전통 산업 생태계의 영향력은 약해지는 한편, 고부가 가치 산업의 가치가 크게 높아지면서 도시 공간의 활용 방식도 달라졌다.

도심 내에서 공업 용도로 사용되던 토지의 비율이 줄고 용도가 유지되는 곳도 이용 형태에 변화가 생긴다. 기존 제조업의 이전과 도시 중심부에 대한 개발 압력은 고밀 복합 공간으로의 변화를 이끌었고, 도심부의 모습이 크게 달라지는 계기가 된다.

국내에서는 예전에 공업 용도로 사용되던 부지, 즉 공업지역 · 준공업지역에 지식 산업 센터(초기에는 아파트형 공장)라는 이름의 개발이 일반화되었다. 이전의 저층 단독형 공장들이 중 · 고층 빌딩 안에 집적된 형태다. 이 과정에서 유해 물질을 발생시키거나 화재 등의 위험이 큰 업종은 도시 바깥으로 옮겨가게 된다. 이렇게 고밀 복합형으로 압축된 개발은 주변 지역에 주거, 상업, 문화 시설 및 녹지 공간을 추가로 확보할 수 있는 가능성을 열었다. 한편으로는 극심한 교통 체증과 혼잡한 가로 환경, 공공 서비스 공급에 차질을 일으키기도 했다.

현재는 데이터와 AI가 모든 업종에서 중요한 역할을 하게 되면서 산업의 구조도 급속도로 재편되고 있다. 아직도 여전히 산업의 지리적 · 공간적 위치와 규모가 중요하기는 하지만 이전만큼 그 영향력이 크지 않다. 동종 산업이 얼마나 집적되어 있는가로 얻어지는 이익의 관점도 달라졌다. 이제는 특정 산업이 특정 구역에 모여 효율을 높이는 것 이상으로, 특정 공간에 모이지 않아도 어떻게 상호작용을 극대화하고 혁신을 촉발할 것인지를 고민해야 한다. 산업의 변화에 따라 도시가 이를 지원하는 방식도 달라져야 한다.

## 미래 산업과 AI

AI로 인해 일자리의 유형이 바뀌고 일하는 방식이 달라졌다. 분야 간 경계가 허물어지고 새로운 융합 산업이 출현하고 있다. 데이터 기반의 의사 결정이 가속화되었다. 변화된 산업 구조와 업무 형태는 도시 공간에도 영향을 미친다. 앞으로의 산업에서 AI는 어떠한 역할을 하게 될까?

산업별 · 업종별로 특화된 버티컬 AI(Vertical AI)의 급성장이 예상된다. 제조, 유통, 의료, 금융 등 각 분야에 따라 특화되어 설계 · 운영되고 각 도메인에 특화된 AI의 개발 및 활용이 확장되는 것이다. 이는 점차 고도화되는 산업의 전문성을 토대로 이에 맞춤형 문제 해결이 가능하게 한다는 점에서 가치가 높다. 업무 자동화, 의사결정 지원, 예측 · 추천, 위험 감지 등에서 범용 AI에 비해 빠르고 정확하게 작동할 수 있다. 이러한 버티컬 AI의 개발을 위해서는 도메인별 현장 데이터가 필요하므로 이에 대한 수요도 크게 증가할 것으로 보인다.

스스로 경험을 쌓고 판단하여 자율적으로 의사 결정 하는 에이전틱 AI(Agentic AI)가 산업계 전반에 확산될 것으로 예상된다. 기존 AI가 지시 기반으로 움직이는 것과는 달리, 독립적으로 사고할 수 있는 에이전틱 AI는 인간의 반복적이고 수동적인 역할을 대체할 뿐만 아니라 복잡한 의사 결정 단계, 다차원 프로세스, 최적화 등에서 실질적인 성과를 내고 있다. 향후에는 다수의 에이전틱 AI가 상호 협력하는 구조로 진화하고, 조직 관리나 정책적 · 윤리적 대응에도 전방위적으로 활용될 것으로 보인다.

에너지 산업에 대한 수요가 급증하고 인프라가 확대될 것으로 예상된다. AI 기술 적용의 확대와 맞물려, 전력 수요가 빠르게 늘고 있다. 글로벌 데이터센터의 전력 소비는 2030년까지 약 1065TWh로 증가하여 전 세계 전력 소비의 4% 가량을 차지할 것으로 나타났다(Deloitte, 2025). 이에 따라 재생 에너지, 냉각 설비 등을 연동한 특화 인프라 구축 투자도 대폭 늘어나는 추세다. 또한 민간 사용자의 실사용량이 증가함에 따라 도시 내에 데이터센터가 입지하는 경우가 늘어나고 있다.

## 디지털 노마드(Digital Nomad)의 시대

고정된 거주지를 두지 않고 유랑하며 살아가는 유목민(Nomad)에 빗대어 고정된 사무실이나 출퇴근의 규범 없이 첨단 기기와 IT 서비스를 활용하여 장소에 구애받지 않고 자유롭게 일하는 사람들, 또는 그러한 생활 방식을 디지털 노마드(Digital Nomad)라고 부른다.

코로나19의 영향으로 원격 또는 하이브리드 근무가

확산되었고, 여전히 이러한 기조를 유지하는 기업들이 많다. 팬데믹은 디지털 노마드 방식의 삶을 직접 경험하고 그 가능성을 확인하게 한 계기가 되었다. 2024년 기준으로의 미국 근로자의 11%가 디지털 노마드에 해당하며 이는 2019년 대비 약 147% 증가한 수치다.

디지털 노마드의 확산은 산업 집적의 의미를 다시 생각하게 할 뿐 아니라 근로자의 지리적·공간적 위치마저도 무의미하게 만든다. 국경을 초월하여 어디에서나 근무가 가능한 시대가 열린 것이다. 실제로 2020년 에스토니아를 시작으로 포르투갈, 태국, 한국 등 60여 개국이 디지털 노마드 전용 비자 제도를 도입하며 장기 체류와 원격 근로를 합법화하고 이를 지원하는 정책을 펼치고 있다. 고소득·고숙련 인력을 유입하여 세수를 확보하고 경제 활성화를 도모하기 위한 목적이다.

디지털 노마드의 확산은 도시의 기능과 구조에 또 다른 변화를 요구한다. 출근과 퇴근이라는 개념이 사라지고, 고정된 오피스 대신 어느 곳이나 일터가 되며, 소득의 발생 국가와 일상생활의 소비 국가가 완전히 분리될 수 있다. 지리적 위치나 물리적 접근성보다는 통신·서버·보안 시스템과 같은 연결망의 속도와 안전성이 더욱 중요해지면서 도시 기반 시설과 공공 서비스의 중요도도 달라질 것이다. 현대의 도시는 공간을 기능별로 분리하지 않고 복합하여 조성하는 것에 중점을 두고 이를 실천하고 있다. 앞으로의 도시는 이용하는 모든 동선 내에서의 복합, 전체 기능의 일체화를 요구한다. 더 이상 보편화된 생활 방식을 기준으로 삼을 수 없으며 개개인별로 맞춤화되고 시시각각 달라지는 생활 패턴을 반영할 수 있어야 한다. 초개인화된 삶을 지원할 수 있는 도시 서비스로 진화해야 하는 것이다.

## 참고문헌


딜로이트(2025). "2025 AI 10대 핵심 트렌드". https://www.deloitte.com/kr/ko/issues/generative-ai/ai-trend-2025.html

서울특별시(2015). "역사 도심 기본계획(본보고서)".

정병순·정현철(2024b). "지속가능 서울경제 실현 위한 산업의 디지털 전환 활성화 방안". 서울연구원.

주재욱 외(2024). "서울시 도심 거점 산업 구조 고도화 방안". 서울연구원.

Deloitte(2025). Stay in the know: AI trends and early predictions for 2026. https://www.deloitte.com/us/en/what-we-do/capabilities/applied-artificial-intelligence/blogs/pulse-check-series-latest-ai-developments/new-ai-breakthroughs-ai-trends.html

Salhi, A. et al.(2025). Leveraging artificial intelligence to enable sustainable urban development through the creation of smart and environmentally friendly carbon-free cities. Scientific Reports, 15(1).

Splunk Inc.(2025). “Top AI trends for 2026: Key technologies and challenges and What They Mean.” https://www.splunk.com/en_us/blog/learn/ai-trends.html

09

# AI와 시민 참여

시민의 다양성과 결을 같이하고, 누구나 행복한 삶을 추구하며, 모두가 적극적으로 의견을 개진할 수 있는 도시가 지속 가능하다. 지속 가능한 도시는 시민의 참여로 만들어진다.

AI와 기자?

## 지속 가능한 도시를 만드는 과정

다양한 형태의 삶에 대한 존중과 주체적인 삶의 가치가 높아지고 있다. 그리고 그에 관한 자기 결정권을 중요하게 생각하는 시대다. 사회 문제에 관심을 가지고 이를 바로 잡기 위해 직접 나서서 행동을 보이는 것에도 적극적이다. 정부를 구성하는 대표인을 선출하는 권한의 이행뿐 아니라 직접적인 참여를 향한 시민들의 움직임도 늘고 있다.

국토연구원에서는 시민 참여를 "시민이 정부의 정책 결정 및 집행 과정에 참여하여 영향력을 행사하는 행위"로 정의하고, "시민 참여는 직접 민주주의 실현이라는 측면에서 의의를 가지며, 최근에는 사회적 · 기술적 발전으로 인해 시민 참여의 범위와 방식이 더욱 확장되는 추세"라고 밝혔다. 더불어 "시민 사회가 성숙하고 사회적 요구가 다변화되며 다양한 참여 제도들이 도입 · 운영되어 왔고 최근에는 정보 통신 기술 발전에 기반하여 온라인 참여 플랫폼이 급격히 부상"하고 있음을 강조했다.

지속 가능한 도시를 만드는 과정에서 시민 참여는 필수적이다. 도시의 포용력, 회복력, 그리고 활력과 같은 모든 가치는 도시를 구성하는 시민을 중심으로 한다. 도시의 지속 가능성이란 시민의 다양한 생각과 결을 같이하고, 각자의 상황을 고려할 수 있어야 하며, 적극적인 의견이 수렴될 가능성과 일맥상통한다.

지속 가능한 도시는 공공 주도의 일방적 방식으로는 구현될 수 없다. 함께 의견을 모으고 방법을 구상하는 상향식 접근이 필수적이다. 시민 참여는 공통의 목표를 향한 공감대와 결속력과도 연결된다. 공공의 결정에 시민의 의견을 반영하는 것은 직접적인 문제 해결에 도움을 준다. 그리고 결정 과정에 대한 투명성과 신뢰도를 높일 수 있다. 누구나 차별 없이 의견을 개진하고 참여할 수 있는 기회는 도시의 다양성을 유지하는 데 핵심적인 역할을 한다. 더불어, 시민이 도시 변화의 수동적 수혜자가 아닌, 주체적인 변화의 동력으로 역할할 때 사회, 경제, 환경적 측면을 모두 아우르는 지속 가능성을 실현할 수 있다.

## 참여 방식의 변화

가장 기본이 되는 시민 참여의 형태는 투표라고 할 수 있다. 권한을 부여할 대리인을 투표로 선출하고, 대리인이 시민 의견을 대신하여 정책을 결정하고 집행하는 방식이다. 이러한 대의 민주주의는 시간과 비용을 최소화할 수 있다.

반면, 정책의 결정에 시민이 직접 참여하고 개별 의견을 표출하는 직접 민주주의 방식은 대의 민주주의의 한계를 극복하고 시민들의 다양한 목소리를 반영할 수 있다. 그러나 그 과정이 복잡하고, 시간과 비용의 소모가 크다. 또한 참여율이 저조할 경우에는 결과의 편향이 더욱 극단적으로 발생하거나 결정 자체가 불가할 우려가 있다.

두 방식을 보완하기 위해 다양한 방식이 도입되었다. 예산의 일부를 시민 제안이나 직접 투표에 의해 배분하는 참여 예산 제도와 시민 의회, 시민 배심원을 두어 결정을 보완하는 것이다. 또한 최근에는 디지털 기술의 발전을 기반으로 전자 민주주의 방식이 널리 활용되고 있다. 온라인 토론 등으로 개별 의견을 표출할 수 있는 문턱을 낮추고, 전자 투표의 실시로 소요되는 비용은 절감하면서 시간이나 공간의 제약 없이 참여가 가능해졌다. 기술의 발달로 민주주의의 실현 방안이 진화하고 있다.

## AI를 통한 참여 활성화의 가능성

미국 켄터키주에 위치한 볼링그린(Bowling Green) 시에서는 최근 지역의 발전 방향을 수립하기 위해 AI를 활용한 시민 참여를 실시했다. 볼링그린은 인구 7만 5000

명가량의 작은 도시이지만, 고부가 제조업 및 신산업의 대규모 투자 유치를 기반으로 크게 성장하고 있다. 지역의 발전 전략 수립이 요구되던 차에, 머신러닝 기반의 온라인 플랫폼을 통해 시민들이 원하는 미래상을 파악하고자 하였다. 경제 개발, 주거, 인재 육성, 보건, 삶의 질, 관광, 스토리텔링, 인프라 등 8개 분야 전문가와 25년 계획을 수립하는 시민 참여 프로젝트를 설계하고, 온라인 플랫폼에서 시민 의견을 수집하여 정책 결정에 반영할 수 있게 하였다. 시민들은 익명으로 140자 이내의 도시계획 아이디어를 작성하였으며, 다른 시민의 의견에 동의/비동의 투표를 할 수 있었다. 한 달간에 시민 10%가 참여했고, 이 중 2000여 명이 직접 의견을 제출한 것으로 조사되었다. 직접 도시 계획에 관한 아이디어를 내는 것은 매우 적극적인 참여 수준임을 감안할 때 높은 참여도로 평가된다. 수렴된 아이디어 중 지지를 받은 것은 지역 내 의료 전문 인력의 확충, 북부 지역에 식당 및 마트 유치, 역사적 건축물의 보존 등이었다. 반면, 논란이 된 주제로는 마리화나의 기호 식품 합법화 등이 있었다.

온라인 플랫폼을 통한 의견 수렴 과정에서 AI 기술이 의사소통을 촉진하고 더 편리한 이용이 가능하도록 돕는 역할을 맡았다. 실시간 모더레이터에 의해 거주자 여부를 확인하고, 다국어 번역 기능이 도입되었다. 또한 내용 검열의 과정도 있었다. 검토팀은 제안된 모든 의견을 자유 게시하지 않고 일정한 필터링 정책을 적용했으며, 주제 외 안건이나 인신 공격성 게시글은 제외하였다.

이 사례는 AI 기반 플랫폼에 지역 공론화 장을 마련하고 이를 토대로 여론을 수렴하여 도시의 발전 방향을 수립할 수 있다는 가능성을 보여 준다. 높은 참여율과 자유로운 의견 개진 내용은 열린 참여 과정과 이를 지원하는 수단의 필요성을 드러냈다. 그러나 이렇게 수렴된 의견이 대표성을 지닐 수 있는지는 여전히 판단의 문제로 남아 있으며, 수렴된 의견을 어떻게 정책에 반영할 것인지는 미지수다. 이 프로젝트는 결과를 대중에 공개하고, 정책 권고안 제출을 앞두고 있는 상황이다.

## 시민 참여에서의 AI의 역할

볼링그린(Bowling Green) 시의 사례처럼 기술은 시민 참여에서의 다양한 시도를 가능하게 한다. 물리적 거리나 사회적 제약을 해소하고 시민 참여에 소요되는 비용을 절감하는 수단으로 작동한다. 더 폭넓고 의미 있는 시민 참여의 실현을 위해 AI는 어떠한 역할을 할 수 있을까?

## 시민들의 정보 접근 활성화

자연어 처리 기반의 AI 기술이 급격히 발달하면서 대화형 문장으로 정보를 검색하거나 음성 인식으로 명령어를 실행하는 기능이 일상에 확대되고 있다. 이전보다 더 쉽고 편리하게 정보에 접근할 수 있다는 것은 정보의 불균형을 없애고 시민 참여의 문턱을 낮춘다. 참여의 기회가 특정 집단이나 계층에 국한되지 않고 모두에게 열리는 것이다.

또한 동일한 내용의 정보도 사용자에 따라 맞춤형으로 제공할 수 있다. AI 기술을 통해 다국어 번역, 음성 지원, 자막 생성과 같은 서비스를 빠르게 지원 가능하며, 이는 사용자가 제약 없이 정보를 이해하고 습득할 수 있도록 돕는다. AI가 정보의 형평성과 개방성을 높이는 데 기여하는 것이다.

## 의사소통 촉진의 활성화

시민 참여 과정에서 제시된 의견을 간략하게 정리하여 참여자의 이해를 돕고, 자연스럽게 다음 질문을 던지는 역할은 원활한 논의 진행에 매우 중요하다. 일반적인 현장 토론에서는 전체 진행을 담당하는 사회자와는 별도로 그룹별 퍼실리테이터(Facilitator)를 두어 의사소통의 촉진을 돕는 경우가 많다. 시민 참여 과정에서의 토론은 전문가 집단을 대상으로 하는 그룹 인터뷰(FGI)에 비해 의사소통 촉진이 훨씬 중요하다. 일반적인 디지털 기술로 대체하기에는 한계가 있는 부분이었다.

AI는 디지털 플랫폼 기반의 시민 참여 과정에서 퍼실리테이터로서 역할이 가능하다. 토론 과정에서 제시된 각 의견을 분류하고, 핵심 논거와 찬반 논리, 주요 쟁점들을 자동으로 요약함으로써 대화 흐름을 효과적으로 정리하는 모든 과정을 실시간으로 처리할 수 있다. 또한 참가자들의 발언 속에서 확인되지 않은 논점이나 추가적으로 탐구할 만한 주제를 추출하고 다음 질문을 생성하거나 심화 토론을 자연스럽게 이끌어내는 역할이 가능하다. AI는 토론의 생산성과 깊이를 높일 뿐 아니라, 토론자들의 상호 이해를 촉진하고 다양한 관점의 통합과 합의 형성을 적극적으로 지원할 수 있다.

### 의견 통합 및 분석 활성화

시민 참여에서 수렴된 의견을 하나로 묶고 결론을 내리는 것은 결코 쉽지 않다. 각자가 서로 다른 이해관계 속에서 자신의 입장만을 피력하거나, 일관성 없이 토론이 이뤄지는 경우가 많다. 온라인을 통한 의견 수렴은 참여율을 높이는 데에는 유리하지만 방대한 수렴 내용을 분석하는 과정은 더 복잡할 수 있다. AI 기술의 활용이 요구되는 부분이다.

AI는 자연어로 이루어진 데이터의 정제 및 전처리를 자동화함으로써 빠르고 정확하게 의미 있는 내용을 도출할 수 있고, 감정이나 성향과 같은 정량적이지 않는 기준으로도 분류가 용이하다. 이로써 정책 결정자가 의견의 흐름과 쟁점을 한눈에 파악하고, 과학적 근거에 기반해 합리적 결론을 도출할 수 있는 환경을 제공한다는 점이 AI 분석 기술의 특징이다.

대상과의 개인적 관계나 선입견에 치우치지 않고 객관적인 분석이 가능하다는 점도 AI의 장점이다. 데이터 기반의 분석과 알고리즘에 따라 주어진 업무를 처리하고 이러한 과정을 반복함으로써 일관성 있는 결론에 도달한다. AI 모델 구동의 과정에 관한 로그를 남기거나 사후 재현이 가능하도록 미리 설정함으로써 신뢰도를 높이는 것도 용이하다. AI를 기반으로 다양한 차원과 속성의 문제를 균형 있는 관점에서 바라보고, 합리적이며 공신력 있는 결과를 도출할 수 있는 것이다.

## 우리가 풀어야 할 숙제

AI 기술이 시민 참여 과정의 제약을 해소하고 참여의 폭을 넓히는 데 기여했으며, 앞으로 더 진보된 차원으로 확장될 가능성을 보여 준 것은 분명하다. 그러나 진정한 시민 참여의 실현을 위해서는 아직 풀어야 할 문제가 많다.

우선 의견 수렴과 논의 과정에서 디지털 격차의 해소가 필요하다. AI를 통해 사용자 친화적인 시민 참여 환경이 만들어지고 있는 것은 사실이지만 여전히 이에 접근하기 어려운 계층이 존재한다. 전자 민주주의 방식에 의한 시민 참여가 점차 확대될수록 디지털 기기의 접근성이 낮고 활용에 어려움을 겪는 사람들에 대한 고려가 중요해진다. 디지털화로 낮아진 문턱이 누군가에게는 출입 금지에 해당할 수 있다.

데이터 사용 권한 및 프라이버시에 대한 문제도 빼놓을 수 없다. AI 시스템을 설계·운영·관리하는 과정에서 데이터를 어떤 용도로 어디까지 수집하고 분석할지를 결정해야 하며 이를 사전에 명확히 고지하고 동의를 구할 필요가 있다. 또한 데이터상에 개인 정보, 민감 정보 등이 포함된 경우 이를 처리하는 과정에서 정보가 저장되거나 학습에 사용될 우려가 있으므로 철저한 관리 원칙과 점검이 요구된다.

수렴된 의견을 통합하고 결론을 도출하는 과정에서 해당 의견이 시민을 대표한다고 볼 수 있는가는 여전히 논란의 영역이다. 해당 이슈에 관심이 많은 집단이 더 적극적으로 참여하여 의견의 극단화나 편향이 발생할 가능성이 있다. 조직적 동원, 중복 계정, 시스템 조작 등의 가능성을 배제하고 무결성 검증을 철저히 하는 것은 필수 요소다. 조작의 위험을 완전히 제거했다고 하더라도 의견 수렴 과정에 실질적으로 참여하지 못한 집단이나 정보 소외 계층의 입장을 어떻게 대변할 것인지는 시민 참여의 활성화를 위해 반드시 풀어야 할 숙제다.

## 참고문헌

이다예(2021). "도시계획 온라인 참여 플랫폼 운영 사례와 시사점". 국토연구원.
https://www.krihs.re.kr/gallery.es?mid=a10103090000&bid=0025&act=view&list_no=27993

MIT Technology Review(2025). "A small US city is experimenting with AI to find out what residents want. MIT Technology Review."
https://www.technologyreview.com/2025/04/15/1115125/a-small-us-city-experiments-with-ai-to-find-out-what-residents-want

## 10
## 지속 가능한 도시를 위한 관점의 전환

지속 가능한 도시의 구현은 국가적 차원의 문제가 아니다. 전 세계가 함께 뜻을 모으고 실천해야 할 공통의 지향점이다. 그리고 기존과는 다른 관점에서의 접근이 요구된다. 가치의 중심이 이동하고, 목표로 하는 바가 달라지며, 이를 실현하는 과정도 진보해야 한다. 오늘의 선택이 미래 세대의 삶을 좌우한다는 자각과 실천이 필요하다.

AI와 미래 의사?

## 범지구적 차원의 문제

미세 먼지, 해수면 상승, 감염병과 같은 문제는 인접 국가를 넘어 전 세계로 확산된다. 군사적 충돌, 분쟁, 테러로 대표되는 지정학적 위협은 전 인류의 일상과 관련된 생산 · 운영 체계의 혼란을 야기하며, 기회의 불평등과 결과의 불균형은 국제적 연대를 통한 대응을 필요로 한다. 지속 가능한 도시를 구현하는 것은 더 이상 해당 도시나 한 국가 차원의 일이 아니다.

그러나 범지구적 차원의 노력에 합의를 모으고 지속적으로 실현해 나가는 것은 쉽지 않다. 2015년, 전 세계 모든 국가가 기후 변화 대응에 참여할 것을 약속하는 파리협정(Paris Agreement)을 맺고, 산업화 이전과 대비하여 지구의 평균 기온 상승률을 제한하며 국가별 온실가스 감축 목표를 수립하여 지킬 것을 합의했다. 하지만 각국의 이해관계와 경제 구조에 따라 이행의 정도는 크게 다르다. 미국의 협정 탈퇴와 번복, 중국이나 인도와 같은 신흥 국가의 미온적 태도, 개도국 지원과 관련된 약속 미이행은 합의와 현실의 간극을 보여 준다.

이언 골딘과 톰 리-데블린(Ian Goldin & Tom Lee-Devlin)은 저서에서 "많은 가난한 나라들은 부유한 나라들의 지원 없이는 지속 가능하면서 번영을 누리는 도시를 만들 수 없다"고 말한다. 그러나 몇몇 국가들만 이 빈곤국에 대한 지원을 실천하고 있으며, 영국과 같은 부유한 국가가 앞장서서 해외 원조 예산을 삭감하는 퇴행적 조치를 취하고 있음을 지적한다. 실제로 OECD의 자료에 따르면, 선진국이 주체가 되어 개발도상국의 경제 안정과 복지 향상을 목적으로 제공하는 공적 개발 원조, ODA(Official Development Assistance)가 2024년을 기준으로 6년 만에 처음 -7.1%의 감소 추세를 보였다. UN의 목표 기준치인 국민 소득의 0.7% 원조를 달성한 나라는 덴마크, 룩셈부르크, 노르웨이, 스웨덴 단 4개 나라뿐인 것으로 나타났다. 주요 원조국들은 ODA 삭감을 발표했으며, 이 중 미국, 유럽 등 몇몇 국가들이 위생·보건 분야의 지원 규모 감소를 예고했다. 이러한 대응은 글로벌 불균형을 심화시키고 더 큰 사회적 갈등을 야기할 수 있다.

## 포용과 회복, 다양성의 가치

아직도 많은 도시가 여전히 성장을 목표로 계획되고 있다. 그러나 성장 중심의 개발 논리는 환경 파괴와 사회적 양극화라는 결과를 불러왔고, 기존의 지역 문화와 커뮤니티를 파괴했다. 어떤 것도 무한히 성장할 수는 없다. 지속 가능한 미래에 구심점이 될 가치의 전환이 필요하다.

모든 사람이 신체적 조건이나 지위, 연령, 성별에 관계없이 만족스러운 삶을 영위하고 안정감을 느낄 수 있는 포용적 도시로 나아가야 한다. 앙리 르페브르(Henri Lefebvre)의 말처럼, "도시 공간의 생산과 이용에서 차별과 배제 없이 누구나 공평하게 접근할 수 있는 도시에 대한 권리"를 기반으로, 누구나 행복을 추구하고 이를 실현해 나갈 수 있도록 지지하는 역할의 확대가 요구된다.

현대 도시의 물리적 발전과 경제 성장에도 불구하고 인구 감소 · 양극화 · 기후 변화와 같은 새로운 위기에 효과적으로 대처하지 못하는 한계가 여실히 드러났다. 이러한 환경에 적응하고 위기 속에서도 본연의 기능을 복원하여 항상성을 유지하는 것이 도시가 직면한 시급한 과제다. 회복 탄력성(Resilience)은 도시의 지속 가능성과 인류의 생존에 직결된 가치이며, 양적 성장의 추구와 개발의 논리로는 결코 다가갈 수 없는 지향점이다.

변화에 대한 예측 기법과 수단이 나날이 발전하고 있음에도 커져가는 미래의 불확실성을 따라잡기는 어려워 보인다. 단일한 해법이나 일률적 사고방식은 이러한 변화에 치명적이다. 사회, 경제, 환경 모든 측면에서 다양성이 요구되며, 다차원적인 관점과 복합적인 접근이 한

데 어우러지고 새로운 시도를 만들어 낼 때 예측 불가한 위기에 유연하게 대응할 수 있다. 다양성은 도시가 가진 강점이며 그 안에서 제공받을 수 있는 기회와 가능성을 의미한다. 도시 속 사람들의 각기 다른 관점, 경험, 그리고 활동들이 전체의 구성 요소로 존중받고 반영될 때, 도시의 다양성은 더욱 풍성해진다. 그리고 이러한 다양성은 도시의 매력과 생동감을 만드는 활력의 근원으로 작동한다.

## 함께 만드는 과정으로써의 접근

지속 가능한 도시는 공공의 주도로 만들어질 수 없다. 특정 집단을 중심으로 이뤄져서도 안 된다. 앞으로의 시민은 도시 문제를 가장 잘 이해하는 사용자이자, 도시를 계획하는 주체로서 역할을 해야 한다. 이제는 행정 중심의 하향식 계획과 일방향적 추진이 아니라, 시민의 참여와 협력으로 함께 만들어 가는 과정에 권한과 책임이 부여되어야 한다.

시민 참여형 도시 계획의 영역이 확대되고 다양한 참여 방식이 시도되고 있다. 그러나 시민 의식의 성숙도, 참여율, 대표성 여부 등에 논의가 필요하다. AI 기술은 시민 참여의 새로운 가능성을 보여 주었으나 디지털 격차 해소, 프라이버시 보호, 지속적인 참여 유도가 과제로 남아 있다. 단, 중요한 것은 지속 가능한 도시 만들기는 그 과정 자체에 시민이 직접 참여하고 의견을 개진함으로써 정의의 본질이 실현된다는 점이다.

## 경계를 초월하는 확장된 세상

기존의 도시가 여러 대상을 서로 연결하고 관계 맺을 수 있는 기본 구조를 제공했다면, 앞으로의 도시는 사람, 사물, 데이터, 시스템 등 모든 요소가 실시간으로 상호작용하며 통합되어야 한다. 하나의 지능형 생태계와 같은 도시다.

스마트 기술을 매개로 도시의 전체 요소가 동기화 되는 세상은 도시 운영·관리의 패러다임을 바꾼다. 시민의 활동과 수요에 즉각적으로 반응하여 필요한 서비스를 제공하고, 모든 인프라와 연동하여 지능적인 대응을 가능하게 한다. 단순한 자동화의 수준을 넘어 도시 전반의 영역에서 실시간 예측, 적응형 의사 결정, 최적의 자원 배분을 실현한다.

이러한 도시의 초연결성은 기존의 경계를 해체한다. 인간과 기계, 오프라인과 온라인, 사적 영역과 공적 영영, 현실과 가상이 구분 없이 교차하며 새로운 인지의 차원을 만들어 낸다. 기존의 도시 공간에 관한 개념이 달라지고 이를 설계하고 계획하던 원칙 자체가 무의미해질 수 있다. 새로운 차원의 접근이 요구되는 것이다.

지능형 생태계로서의 도시는 초개인화 경험을 토대로 극도로 개별적인 맞춤형 서비스를 제공하는 것도 가능하다. 단 한 사람만을 위해 최적화된 도시 기반 서비스가 현실이 된다. 이러한 초개인화 서비스는 개인의 만족도와 참여도를 높이는 것은 물론, 사회적 소외나 불평등을 해소하는 데에도 중요한 역할을 할 수 있다.

## 기술 중심에서 더 나은 삶을 향해

지속 가능한 도시를 구현하는 방법과 절차의 많은 부분이 이를 가능하게 할 기술과 맞닿아 있는 것은 사실이다. 그리고 그 실행의 한 축으로서 스마트 도시를 빼놓을 수 없다. 정보 통신 기술, 사물인터넷(IoT), 빅데이터, AI와 같은 스마트 기술을 활용하여 기반 시설과 서비스를 지능적으로 관리하고 실시간으로 연결하는 도시를 조성하고자 하는 움직임이 전 세계적으로 확산되고 있다. 대부분의 스마트 도시는 지속 가능한 발전을 미래상으로 내건다.

그러나 스마트 도시에 관한 논의는 기술의 영역에 치

우쳐 있는 듯하다. 스마트 도시 계획의 결과물을 들여다보면, 첨단 기술의 적용이 '스마트'에 해당하는 가장 핵심적인 쟁점 사항이다. 그 외의 부분은 일반적인 '도시계획' 방식을 붙여넣기 한다. 도시가 작동하는 원리에 대한 이해가 배제된 채, 하나의 기기를 설치하듯 도시를 대하고 있다.

기술에 대한 집착을 버려야 한다. 어떻게 스마트한 도시를 만들 것인가가 아니라 어떻게 지속 가능한 도시를 만들 것인지에 관한 질문을 던져야 한다. 그리고 그 질문은 진정으로 가치 있는 삶이 무엇이며, 이를 위한 도시는 어떠해야 하는가로 통한다. 기술의 구성이나 구현의 차원이 아니라 우리 삶에 대한 깊이 있는 통찰과 시대의 변화에 걸맞은 관점의 전환이 필요하다. 이러한 고려 없이 기술만으로 지속 가능한 도시를 만들 수는 없다.

## 참고문헌

서울대학교 아시아도시사회센터(2024). 《기술주의 너머의 스마트 도시》. 한울.

앙리 르페브르(2024). 《도시에 대한 권리》. 곽나연 옮김. 이숲.

앤서니 타운센드(2018). 《스마트 시티; 더 나은 도시를 만들다》. 도시이론연구모임 옮김. MID.

이언 골딘·톰 리-데블린(2023). 《번영하는 도시, 몰락하는 도시》.

김영선 옮김. 어크로스.
OECD(2025). Official development assistance (ODA). https://www.oecd.org/en/topics/policy-issues/official-development-assistance-oda.html

**박혜민**

기술사사무소 클라우드나인 소장이다. 성균관대학교에서 건축학을 전공하고, 서울대학교에서 공학 석사학위를 받았다. 도시계획기술사로서 지자체 및 공공기관의 도시 운영에 관한 자문을 수행하고, 현장의 문제를 해결하기 위한 전략을 수립해왔다. 《AI와 산업의 전략적 사고》의 공동 저자로 참여했다.